영원한 나의 노래

세상을 빌려 살면서

尹一心 著

영원한 나의 노래

2017년 4월 15일 1쇄인쇄
2017년 4월 20일 1쇄발행

저 자 윤 일 심
발행인 윤 백 현
발행처 弘益齋 홍익재
서울중구동호로20길34-57
전 화 (02)3391-4200
(02)2234-0951
전 송 (02)2234-0952
email hongikjae@naver.com
http://www.홍익.kr / www.홍익재.한국
출판등록1980.4.7제15-4호

정가 13,000원

ISBN 978-89-7143-381-2

영원한 나의 노래

세상을 빌려 살면서

권 두 사

우리는 하나님이 창조하여 주신 이 세상을 잠시 빌려 살고 있다고 강조하며 독실한 기독교인으로서 이웃을 내 몸과 같이 사랑하라고 하신 예수님의 조건 없는 사랑을 실천하려고 가까운 이웃과 본인의 출석교회도 아니지만 건축 후 어려운 교회에 자신이 할 수 있는 모든 것을 동원해 아낌없이 내주는 삶을 살아온 것을 이 책의 일부분을 통하여 볼 수 있다.

부흥강사의 권유 한마디에 조건 없이 따지지도 묻지도 않고 자금문제로 교회가 이단으로 넘어가는 것을 막으려는 신념 하나였다고 한다. 참으로 귀하게 보인다. 그것도 본인의 수중에 있는 것이 아니라 100% 빌려서 하나님께 드린 것이다.

내가 알기에 직장인으로서 아무나 선뜻 할 수 없는 적지 않은 금액이다.

저자와 만남은 오래되지는 않았지만 진솔한 대화와 건강한 정신과 긍정적인 사고방식이 마음에 들었고 그동안의 오가는 대화를 통해 그의 삶이 순수하며 주님께 드리고 난 후 오직 주님만 바라보며 어려움을 견뎌가고 있는 모습은 오늘날 한국 교계의 지도자들이 한번쯤은 옷깃을 여미고 음미해야 할 신앙이라고 단언하고 싶다.

어려운 가운데 있는 저자를 지금은 하루도 빼지 않고 기도해주고 있다. 그리고 한국에 들어오면 꼭 만나서 잘 지내고 있는지? 어렵지는 않은지 묻고 있다. 또한 몇 년 전 충북일보 오피니언 란에 게재된 칼럼과 함께 저자의 걸어온 길을 정리해서 책으로 세상에 내놓은 것에 마음껏 격려하며 발간을 진심으로 축하한다.

이 책이 얼마나 많은 사람에게 읽혀질지 모르지만 저자는 이미 하나님께 청구서를 내 놓은 상태로 하나님의 결재와 지급을 기다리며 누구보다 물질 면에 어렵게 지내왔을 법한데 지금까지 살아온 것에 감사하는 모습에 감명 받았다. 많은 성도와 젊은이들이 읽고 각자의 삶의 지표에 도전장이 되었으면 한다.

수년전 미국 LA동양선교회에서는 한 목회자로 인하여 어려운 일이 있었는데 지금은 하나님의 뜻 가운데 다 회복이 되었듯이 이 책을 펴냄으로 많은 독자들이 각자의 생활과 어려운 가운데 저자가 부르짖는 오직 한 길, 진리요, 빛이신 예수님을 향한 영원한 노래를 마음 편히 함께 부르는 사람이 더욱 많아지기를 소망하며 이 "영원한 나의 노래" 가 멀리멀리 지구 끝까지 퍼져나가 하나님의 영광이 충만하기를 기원하면서 발간에 축하를 보낸다.

2017년 3월 일

임 종 덕 識

LA 동양선교회 창립 원로장로
하버드대학교 정치학박사
미 백악관 국가안전보장회의 보좌관
(태평양아시아지역 보좌관(16년 재임)

머 리 말

삶의 굽이굽이를 돌아보면 우연한 기회에 지난날을 돌아보게 하는 일이 있는 것 같다. 몇 해 전 한국전력공사 옥천지사장으로 발령을 받았다. 도시생활에서 농촌지역으로 근무지가 옮겨졌기 때문에 불편하지 않느냐는 사람도 있었지만 나는 포근한 고향을 연상하며 즐겁게 근무하게 되었다.

아름다운 옥천에 익숙해지기 시작한 그해 연말 지역 기자간담회 자리가 마련되었다. 거기서 만난 기자가 한전 지사장 중에서 홍일점 지사장 이라는 점이 부각되었는지 충북일보 오피니언 칼럼 웹진을 선발 하는데 추천하고 싶으니 프로필을 줄 수 있느냐고 물었다. 이것이 인연이 되어 오피니언 "아침을 열며"란에 격주에 한번 씩 일년 동안 칼럼을 게제하게 되었다. 처음엔 망설였지만 시간이 지나면서 작은 부담이었던 것이 차츰 보람을 느끼는 일이 되었다. 기독교 신앙에 뿌리를 내리며 살아온 내 삶의 방향속에서 성경 한 구절 씩 넣어가며 칼럼을 이어가게 되었다.

일년이 다 되어갈 무렵에 처음 만났던 기자로부터 칼럼을 책으로 만들어 보면 어떻겠느냐는 제안이 있었다. 거기에다 오래전부터 이런 저런 일이 있을 때마다 가끔씩 써 두었던 글도 있어서 용기를 내게 되었다.

더욱이 신앙생활을 통해 얻어진 경험과 친구가 출석하는 교회와 연결이 되어 부흥회에 갔다가 성전 재건축으로 인해 어려운 교회를 돕게 된 것이 과도한 재정지출로 연결되어 상당한 고통을 겪으면서 얻어진 체험은 혼자만 간직하며 살기가 벅찬 일이기도 하였다.

오직 주 하나님을 위한 일이라 생각하고 드리면 필요할 때 충분히 채워 주실 것 이라는 신념 하나만으로 지내오면서 인내의 한계 상황을 체험하기에 이르렀다. 그러나 너무나 감사한 것은 내가 건축 헌금을 드린 교회는 여러해가 지난 지금은 크게 부흥되어 그 지역의 영혼구원의 방주로서 쓰임 받고 있다는 소식에 감사할 뿐이다.

그 이후 나는 신앙생활, 교회를 섬기는 일이 내 생의 일부가 아닌 전부가 되기에 이르렀다. 하나님을 깊이 사모하며 가까이 다가가려고 노력하며 살아가고 있다. 또한 물질의 어려움으로 여러 가지 재정적인 어려운 만남을 견디면서 지탱해온 지난날이 조금은 대견하다 생각하고 하나님의 섭리대로 살아 온 것으로 생각하고 하루하루 감사하며 지내왔다.

어느 누구도 쉽게 이해 할 수도 없고 이해하려고도 하지 않은 나만의 물질관을 갖고 내 믿음이, 나의 헌신이 결코 헛되지 않을 것이라는 신념이 있었기 때문에 지금까지 버틸 수 있었다는 것이 나의 고백이며, 나의 간증이기도 하다.

또 지난날 혼자서 가슴에 담고 있었던 하고 싶은 말을 조심스레 꺼내어 하나님을 뜨겁게 사랑하는 크리스천의 한 사람으로 직장선교의 작은 사역에 열정을 갖고 힘썼던 일을 떠올려 보았다.

이제 정해져 있는 제2의 길, 나의 인생의 후반부와 즐거운 노후를 꿈꾸며 마지막 삶을 정리하기 전에 해야 할 사명과 내 삶과 나의 주변을 돌아보는 기회도 되었다.

어린시절은 순수했고 교회와 학교에서 모범생으로 살아왔는데, 성인이 되어 지난날의 삶을 되돌아 보니 알고 지은 죄 모르고 지은 죄가 기억나고 인간관계에서 혹여라도 실수하지 않았을까 하는 두려움이 앞선다.

하나님께 드린 후 어려운 이웃과 가족에게 제대로 못해서 가족의 오해와 서운함이 가슴에 저며옴도 숨길 수가 없다.

교회를 건축하고 힘들어 하는 이웃교회에 돈을 빌려 드린 결과 이자 조차 감당키 어려워 가중된 압박과 힘든 상황에 눈물 흘릴 때 주님은 항상 내편에 계셔서 그때마다 다른 것으로 위로해 주시고 끝까지 견디게 하시고 또한 하나님이 어떻게 해 주실지를 기대하고 의지하며 살아왔던 것이 사실이다. 그렇지만 이 힘든 기간이 이렇게 오래갈지 몰랐던 것이 지금 생각해 보면 나의 교만함이었다.

한편 오랜 기간 동안 말없이 후원해주고 누구도 할 수 없는 방법으로 도와준 너무나 고마운 직장 후배인 민병호부부와 박병현님, 이미영님, 윤영상님에게 고마운 마음을 전할 뿐이다.

또한 우연한 기회에 내 사정을 알게 된 후 서슴없이 정성을 보여준 동수원병원 교회를 함께 섬겼던 서재녀 집사님에게도 감사를 드린다. 또한 처음에 빌려서 하나님께 드리고 2002년이 되도록 돈의 가치도 제대로 모르고, 없으면 어떻게 될지도 모르고 있을 때 깨우쳐 주고 내가 진 짐을 도맡아 밤마다 기도 해주신 임복순 전도사님께도 감사를 드린다. 또한 정성들여 삽화를 그려준 직장후배 김은아님에게도 고마움을 표한다.

나의 삶의 제목은 감사이다.

만약 하나님을 믿지 않았다면? 그 가운데 건축헌금을 분에 넘치게 드려 힘들지 않았다면? 지금의 나는 없었을 것 같다. 이렇게 또 하나님을 깊이 알아가려고 노력하지도 안했을지도 모르겠다. 지금은 오직 주님만을 의지할 뿐이다. 또한 내 인생의 제목은 달라졌을지도 모른다. 그러나 20여년 가까이 지내면서 그렇게 남모르게 힘든 시간을 겪어오는 동안 하나님은 한번도 외면하지 않으시고 오히려 나를 강하게 붙들고 계셨고 인간관계 면에서 폭넓게 볼 수 있는 것을 알게 하시고 깨닫게 하셨다. 그리고 나의 손을 항상 붙들고 있었고 수치당하지 않게 하였음을 감사한다.

이제 나는 조금은 아픔을 토해내는 심정과 저며오는 가슴에 두 손 모으고 내 삶의 진실이 나의 삶에 깊고 세밀하게 개입하여 함께하신 하나님께 상달되어지길 기도드릴 뿐이다.

'심는 대로 거두리라' 고 하신 주님의 말씀을 기억하며,

한 신앙인이 보내는 작은 속삭임으로 부끄러움을 무릅쓰고 용기를 내어 쓴 고백이기도 하다.

그리고 두 번이나 죽음의 극한 상황 속에서 탈출시켜 주신 하나님께 무한한 감사와 영광을 드린다.

또한 오늘까지 수많은 인연을 맺은 직장동료, 지인들의 배려와 뒤에서 기도해 주신 주님제일교회 김진태 목사님과 사모님 그리고 교우 여러분들께 다시 한번 감사를 드린다. 끝으로 이 책이 나오기까지 용기를 주어 책이 나오게 해주신 숙부님께 감사드리며 부모님과 가족에게 감사한 마음을 드린다.

2017년 2월 일

尹 一 心 識

차 례

둘째묶음　나의 삶 나의 길

셋째묶음 나의 고백

첫째묶음

아침을 열며

충북일보 오피니언 칼럼
(2013년 1월~12월 게재순)

봄과 같은 사람

언뜻 보기에는 깨끗하고 예쁘게 포장된 하얀색의 옷을 입은 것처럼 눈 덮인 겨울풍경인데 바깥공기는 이렇게 혹독한지 모르겠다. 최근 몇 년 사이에는 그다지 느끼지 못하고 지내온 것 같은데 요즈음 겨울다움을 실감하고 있다. 특히 몇 주 전까지 주말에 내리는 눈은 주말부부 에게는 교통수단 선택에 고심을 해야 할 정도이니 올해 우리나라의 겨울은 그렇게 엄동설한을 확실하게 인식 시켜준 셈이리라. 산간지역은 물론 사람의 발길이 뜸 하는 골목마다 빙판과 함께 멀리 바라다 보이는 벌판은 설원의 나라가 되어 버렸다.

겨울산은 눈에 수북이 쌓인 채 내앞에 성큼 다가와 있는데 말없이 겨울 한파의 냉 기운이 엄습하여 온세상이 꽁꽁 얼어 붙어 있는 것 같다. 그러나 좀 더 그 곳을 자세히 들여다 본다.

혹한의 그 겨울 골짜기를 지나가면서 살펴보면 거기에 봄의 아지랑이가 살며시 피어나고 있고 하얀 눈밭 밑에는 푸른 봄 냉이가 자라고 있다는 것도 알수가 있다.

러시아에서는 "영하 40도가 아니면 추위라 말하지 말고, 40도를 넘지 않으면 술이라 하지 말고, 길을 갈 때 4,000Km 를 넘지 않으면 멀다고 말하지 말라"는 말이 있다고 한다. 그만큼 우리가 살아갈 때 영하 40도까지는 견뎌 봐야 한다는 걸까? 술은 40도를 넘은 술을 먹어야 술맛을 알 수 있다는 것일까? 4,000Km 까지 가봐야 길을 안다는 걸까... 아니면, 그 정도 되어야 힘이 든다는 것을 모두 다 알게 될 것이라는 의미일까?

우리는 각자의 인생길에 대한민국 이라는 광야에서 첫걸음을 시작하여 이미 길을 걸어 왔고 이웃과 함께 미래를 향해 가고 있

다. 인생은 누구든지 홀로 기나긴 인생길을 걸어갈 때 뜻하지 않은 고난의 폭설이 내릴 때도 있다.

자신의 힘과 능력으로는 도저히 어찌할 수 없는 시련과 역경의 눈보라가 몰아치는 그 겨울 숲을 보고 헤쳐가며 살아가는 우리가 아닌가 느끼게 된다. 그런데 4,000Km의 머나먼 거리도 가보지 않았으면서 그 겨울 숲이 나 혼자만의 긴 길인 것처럼 절망하고 만다.

또 다시는 내 인생에 봄은 없을 것 같아 남몰래 가슴을 쓸어내리기도 한다. 때로는 되돌아오지 않을 과거에 집착하거나 돌이킬 수 없는 일에 후회의 늪에 빠지기도 한다.

"왜 나만 겪어야 하는 고난"이냐고 속상해 하며 낙담하여 의기소침하기도 하는 우리가 아닌가.

그것 뿐이 아닐 것이다. 한번쯤 혼자만 덩그러니 긴 골짜기에 흐르는 물길 속에 잠시 발길을 멈추고 긴 숨도 쉬어 봤던 적이 있었을 것이다.

어떤 이들은 봄이 오는 뒤안길에 물안개 처럼 피어오르는 아지랑이를 멀리 바라다보며 잠시 발길을 멈추고 들릴 듯 들리잖는 소리에 귀를 기우려본 사람도 있으리라.

그런 봄과 같은 사람은 늘 소망 (所望) 을 품고 사는 사람, 기뻐하는 사람, 따뜻한 사람, 친절한 사람, 명랑한 사람, 긍정적인 사람, 어려움 속에서도 희망과 용기를 잃지 않는 사람이 아닌가 생각된다.

많은 사람이 인생의 풍성한 가을을 기대한다. 그러나 기나긴 겨울이 없이는 새싹을 움돋게 하는 봄기운도, 여름의 작렬하는 태양도, 가을의 열매도 기대할 수 없다.

우리가 사계절을 말할 때 봄, 여름, 가을, 겨울이라고 한다. 그러나 러시아의 사계는 겨울부터 시작된다고 한다. 우리네 인생의 사계도 어쩌면 화사한 봄날보다는 설원의 겨울 산골짜기를 걸어서 헤쳐 나가야만 시작된다고 생각하고 그렇게 겨울부터 출발하게 되더라도 불평하지 않았으면 좋겠다.

봄으로 시작해서 겨울로 항해하는 인생이 아니라 겨울로부터 시작해서 가을에 거둬들인 인생을 사모해 본다.

동토(凍土)의 설원에서도 의연히 살아 남아있는 봄냉이, 개나리, 진달래, 목련, 벚꽃, 산수유, 유채꽃이 피어나는 아름답고 찬란한 봄을 희망한다. 오늘도 봄의 황홀한 심포니는 저 겨울산의 거대한 침묵 속에서 시작하고 있다는 것을 알고 있기에…

이렇게 봄과 같은 사람과 함께 이웃에도 밝은 웃음을 선물할 수 있기를 바란다.

그리고 지금 서있는 이 겨울 숲에서도 봄 길의 희망을 바라볼 수 있는 사람은 절대로 길을 잃지 않을 것이다.

그리고 아직 힘들다고 말하지 않으리라.

꿈의 크기는 미래의 크기

「**코이**」라고 불리는 비단잉어는 살아가는 공간에 맞춰 자라는 참 특이한 물고기라 한다. 작은 어항에서는 7~10Cm 의 손바닥 정도 크기 밖에 자라지 않은 반면, 커다란 수족관으로 옮겨 키우면 15Cm까지 자라며 작은 연못에서는 25Cm까지, 강물에서는 120Cm까지도 성장한다는 것이다.

얼핏 보면「코이」는 환경 적응력이 탁월하다는 생각을 하게 된다. 그 적응력도 어찌 보면「**클 수 있다**」는 꿈을 갖고 있는 것 때문일 것 이라는 추측을 하게 한다. 작은 수족관에서 커봐야 움직이기만 불편하고 또 이렇다 할 천적도 없으니 작은 고기로 살 수 밖에 없다.

그러나 우리가 살아가는 이 세상은 어디 작은 수족관인가! 내가 꿈꾸고 생각하기에 따라 얼마나 다르게 살 수 있는가를 보여

주는 것이라는 생각을 하게 된다. 이처럼 우리의 꿈도 키우기 나름일 것이다.

꿈의 넓이가 사람의 넓이다. 우리가 항상 지금 머무는 이곳에만 있어야 하는 것은 아니지 않은가! 그래서 나는 지금 내가 머물고 있는 사무실 회의용 탁자 위에 두 가지 그림을 끼워 넣었다.

하나는 대한민국 지도이고 또 하나는 세계지도이다. 몸은 비록 이곳 충청북도 옥천군 사무실 한켠에 있지만 언제든지 나는 마음껏 세계를 향해 마음을 돌려볼 수 있어서 좋다.

그리고 가끔씩은 그곳을 생각으로 다녀오기도 한다. 지금까지 쫓긴 듯 살아온 탓에 여느 나라 못지않은 아름다운 금수강산인 우리나라 국내여행을 제대로 못해본 나로서는 가끔 지도를 보며 꿈을 꾼다. 좀 여유가 생긴다면 여행을 떠나리라 생각하면서…

꿈의 크기는 미래의 크기와 연결 지을 수 있다. 나는 비교적 어릴 때 회사에 입사하였다. 내가 몸담고 있는 한국전력공사 라는 어항에 들어왔다. 그 어항은 처음에 원했다기 보다는 좋은 직장으로 선택 되어졌고 공개채용 이라는 관문에 통과되어 입사하게 되었다. 입사 때의 어항은 시간이 흐름에 따라 수족관으로 옮겨졌고 차차 작은 연못을 거쳐서 강물에 들어왔다. 회사와 함께 정성과 성실을 모으다가 이런저런 발견의 늪을 통과하게 된 것이다.

이 또한 시간이 흐르면 그 강에서 나와야 한다. 앞으로 어떤 강이나 바다이든 헤쳐 나갈 수 있고 바라볼 수 있는 크기는 지나온 날 내가 지닌 소중한 꿈과, 지금까지 꾸준히 준비해 온 꿈의 크기와 넓이만큼 바라다볼 수 있을 것이고 커갈 것이라고 생각하며 기대한다.

유태인은 노벨상을 가장 많이 받은 민족으로 유명하다. 사람들은 그 원인을 유태인들의 생각의 크기에서 찾는다.

"우리가 마음속에 그린 것을 상상하고 간절히 바라며 깊이 믿고 열의를 다해 실천하면 그것이 무슨 일이든 반드시 현실로 이루어진다" 는 믿음 때문일 것이다.

그리스의 조각가였던 피그말리온은 아름다운 여인상을 조각하고 그 여인상을 진심으로 사랑하게 되었다. 이것을 알게 된 여신 아프로디테는 그의 사랑에 감동하여 여인상에게 생명을 주었다는 신화가 있다. 여기서 보면 도저히 이루어 질 수 없는 것 조차도 꿈을 꿨기에 그 꿈의 크기는 생명까지 부여 했으니 그 크기는 가히 짐작도 할 수 없이 컸던 것이다.

결국 이루어지는 것은 현실이 아니라 꿈과 믿음의 크기에 달려 있다는 말이다.

우리나라 사람의 머릿속에 쾌거로 남아 있는 2009년 아랍에미리트에 원전수출 성과가 우리나라에서 가능한 일 이었는가를 생각해보면 처음에 우리는 예측하기 조차 어려웠을 것이다. 그러나 그 결과는 미리 해외사업에 꿈을 꾸고 터를 닦으며 원전수출의 꿈을 키웠던 한국전력공사가 지닌 "꿈의 크기"였던 셈이다. 그 보람을 그 누구보다 한전인 들은 가슴에 자부심을 갖고 그 힘으로 지금도 해외를 향한 불은 밤낮으로 꺼지지 않고 켜져 있는 것이다.

당장에는 기대에 미치지 못한다 하더라도 항상 가능성이 높다고 스스로를 믿을 수 있는 희망이 있다면 그 꿈은 이루어질 것이다.

그런 의미에서 볼 때 앞서 말한 피그말리온 효과가 다른 사람의 기대나 관심으로 하여금 효율을 극대화 하기에 꿈의 크기를 정하는 바로미터 라고 생각한다.

詩聖(시성)이라 불리는 고대 그리스의 호머나 실락원을 쓴 영국의 시인 밀턴도 실명하여 앞을 못 보는 처지였지만 꿈의 크기가 남달랐다. 또한 크롬웰 혁명에 가담하였다가 실패하여 사형선고를 받고 충격속에 있을때 찰스 2세의 배려로 생명을 건진 그는 실명하여 눈이 보이지 않았으나 딸의 손을 빌려서 실락원을 완성했던 것이다.

바다의 왕자 넬슨제독도, 유럽을 휩쓴 나폴레옹, 세계적인 문호 섹스피어도 절름발이였고, 음악의 악성이라 불리는 베토벤도, 발명왕 에디슨도 아이 때부터 귀머거리인 치명적인 장애를 갖고 있었지만 그들의 꿈의 크기는 어항이 아닌 바다였던 것이다.

미국 대통령 중에서 가장 존경받는 링컨은 통나무 오막살이에서, 루즈벨트는 휠체어에서 각각 꿈의 크기를 마음속 깊이 간직한 결과 미국과 전 세계에 영향을 끼친 것이다.

무엇이 우리의 걸림돌인가?

성공하는 사람은 걸림돌을 디딤돌로 삼았지 않았는가!

우리도 꿈을 품자. 그리고 늦었다고도 빠르다고도 판단하지 말자. 이왕이면 올해는 큰 꿈을 꾸자! 꿈의 크기가 미래의 크기가 될 수 있다는 것을 기억하며 ……

5미터만 더 가자

알프스 산 정상에 산장이 하나 있는데, 산장에서 5미터 떨어진 곳에 사연이 있는 십자가 하나가 서 있다고 한다.

오래 전 등산객 한 사람이 알프스 산을 오르다가 심한 눈보라를 만났다. 너무나 높이 올라왔기에 산을 내려갈 수도 없었다. 유일한 길은 정상에 있는 산장까지 가는 것뿐이었다. 그러나 상황은 쉽지 않았다. 눈보라는 심해졌고 어둠이 몰려오고 있었다. 1미터 앞조차 보이지 않는 상황에서 그는 정말 최선을 다해 걸었다. 그러나 산장은 나오지 않았다. "더 이상은 무리다" 라고 생각하는 순간 그는 주저앉아 버렸다.

다음날 눈보라가 그쳤을 때 사람들은 얼어 죽은 싸늘한 시체 한 구를 발견했다. 그 지점은 산장 아래 5미터 떨어진 곳이었다. 사연을 알고 난 사람들은 한 등산객의 죽음을 아쉬워하면서 이렇

게 결심한다

"5미터만 더 가자!"

우리는 인생을 살아가면서 끊임없이 좌절과 절망과 싸워야 한다. 그 좌절은 꼭 환경이나 주어진 경제적인 현실뿐 아니라 내안에 있는 마음을 다스리지 못하는 자신과의 싸움일 수도 있고, 또한 서로를 잘 알지 못하여 헤집은 마음에서 오는 상처로 낙담할 수도 있다. 각각 그 5미터의 거리는 당해보지 않으면 알 수 없으리라.

우리는 매일 자신이 원하는 것을 선택한다. 그럴 때마다 긍정적인 선택을 할 수도, 부정적인 선택을 할 수도 있다. 또 지혜로운 선택과 어리석은 선택을 할 수도 있다. 희망을 잃지 않은 사람은 5미터를 더 가는 것을 택할 것이다. 하지만 그 곳에서의 5미터는, 5킬로미터, 아니 그 이상의 고된 길이라 짐작하게 된다.

요즘 아파트 가격이 떨어진 이후 '하우스 푸어' 들의 마음에 짐이 가득하다. 나 역시 몇 년 전에 분양 받은 아파트 때문에 더욱 실감이 난다. "내 힘들다" 하지 말고 거꾸로 "다들 힘내" 자는 말을 복창하고 싶다.

물을 끓이게 되면「증기」라는 에너지가 생긴다. 섭씨 0도의 물에서도 99도의 물에서도 에너지를 얻을 수 없기는 마찬가지다.

99도에서 1도 더 높여 100도가 되었을 때 비로소 물이 끓게 되는 것이다. 99도 까지 삶을 성숙시킨 사람에게 어느 순간 주어지는 선물이다. 그래서 성경에 "단련시킨 후에는 정금 같이 나온다" 고 기록되어 있는 것 같다.

정금이 되기 위해 99도 까지 단련이 절대로 필요하다는 말도 되리라. 그리고 1도 만큼만 더 참으면 정금이 되리라.

99도에서 100도의 차이는 1도에 불과하고 바로 산장 5미터 앞에 와 있는 것이다. 우리는 99도 까지 올라가고도 1도를 더하지 못해 포기한 적은 없었을까? 5미터를 남겨둔 채 멈춰 버린 적은 없었는지 헤아려 보자.

하산도 등산이다. 긴장은 덜하지만 명심할 것은 힘이 빠질수록 더욱 힘들어 조심해서 잘 내려와야 한다. 지금 내가 오르고 있는 것이 아니라 어쩌면 한 없이 추락하고 있는 환경에 처해 있는지 모른다. 그러나 이제 모퉁이만 돌면 5미터 앞에 산장이 있다.

방심은 금물이다. 훌륭한 등산가는 내려오기를 잘 한다고 하지 않은가.

요즘은 여느 때 보다 경기가 힘들다고 한다. 이렇게 계속 내려가면 어떡하나 하는 걱정으로 자영업자의 마음은 더 한층 고민이다. 그러나 우리는 5미터를 더 가야 한다. 5미터 앞을 볼 수는 없지만 산장이 나올 때 까지는 행군을 멈추지 말아야 한다.

지난 연말 일찍부터 찾아온 맹추위로 전력 수요가 대단하여 절전의 생활화가 전 국민의 화두가 될 지경이었다. 전기는 국산이지만 원료는 수입이다. 우리가 가정에서 한 두 가지 전기제품 사용을 줄이고 한 등의 전등이라도 절약함으로 산업현장에서 사용해야할 동력을 확보해준다면 전력난으로 고생하고 있는 산업체가 원활한 생산에 전념할 수 있을 것이다.

겨울철에 실내온도를 섭씨 18도를 유지하는 것은 전기절약 만을 위한 캠페인 뿐 아니라 다 함께 더불어 정상으로 가기 위한 모두의 몸부림이고 꼭 필요한 5미터를 더 가기 위함 이라는 생각으로 정리 할 수 있었으면 좋겠다.

연어가 아름다운 것은 떼를 지어 강을 거슬러 올라가기 때문이라고 한다. 흐르는 물줄기를 무리 지어 힘차게 거슬러 올라가는 연어 떼를 상상해 보라! 얼마나 생명력이 넘치고 생동감이 있는가를!

그 힘든 물줄기를 가르며 올라가기는 참으로 힘들 것이다. 그러나 혼자가 아니다. 그렇다! 함께 가고 있는 것이다. 연어처럼 떼를 지어 오늘까지 올라왔다. 어제의 열매이며 내일의 씨앗인 오늘 !

오늘도 아침을 열며 5미터만 더 가자.

네잎 클로버 보다 세잎 클로버를

우리는 어렸을 때 추억이 담긴 토끼풀을 지금은 클로버 라고 부르고 있다. 여러 가지 일화가 곁들어 외래어가 주인 행세를 하게 된 것 같다.

언제부터인지 몰라도 네 잎 클로버는 행운을 가져다 준다고 알려져 있다. 요즘은 드문 모습이 되었지만 어린 시절에 클로버가 있는 곳이 나타나면 무심코 주저앉아 혹시 네 잎의 클로버가 있는지 찾게 되고 혹시라도 발견되면 환호성을 지를 만큼 기분이 좋았다.

그런데 그 찾는 네 잎 클로버는 열심히 찾아도 잘 찾아지지 않았다. 그것도 큰 맘 먹고 차분히 찾다보면 어쩌다가 찾게 되었다.

반면에 "행복"의 꽃말을 지닌 세 잎 클로버는 우리가 네 잎 클로버를 찾는다고 뭉갠 그 자리가 온통 세 잎 클로버로 가득 하였다.

행운만을 기대하기에 앞서 잠에서 깨어 눈뜨면 가까이 있는 가족, 하루 일과 중 제일 중요한 시간에 함께하고 있는 내 옆자리 동료, 비즈니스관계로 대면하며 울고 웃는 경쟁의 현장에서도 어깨를 나란히 하며 연대해 살아가는 우리 이웃사촌과 콩 한 조각 나눠먹고 싶은 그 소박한 마음이 우리 앞에 주어진 일상의 행복인 세 잎 클로버가 아닐는지?

먼 옛날 깊은 산 오솔길 옆 작은 연못에 예쁜 붕어 두 마리가 살고 있었다. 사이좋게 잘 살던 두 마리 붕어가 어느 날 갑자기 싸움이 벌어졌다. 두 붕어는 물고 뜯으며 혼자 이 연못을 차지하면 마음대로 행복하게 살겠다는 생각을 했기 때문이다.

긴 싸움 끝에 결국 한 마리가 죽어 배를 들어내고 물 위에 떠오르고 살은 썩어 들어갔다. 그러자 연못의 물도 썩기 시작했다. 이긴 줄 알았던 한 마리의 붕어, 영원히 잘 살줄 알았던 붕어가 썩은 물을 먹게 되자 얼마 후 그 붕어도 죽고 말았다. 그래서 깊은 산 오솔길 옆 자그마한 연못엔 더러운 물만 고이고 아무 것도 살지 않게 되었다.

행운의 네잎 클로버 만을 찾다가 세 잎 클로버를 무참히 짓밟아 버린 결과의 좋은 사례라고 할 수 있겠다. 사람이 꽃보다 더 아름답기 위해서는 저마다 마음의 꽃을 피어 주변에 향기와 아름다움을 나누려는 마음을 가질 때라고 생각한다.

내 마음이 맑아야 다른 사람을 맑게 볼 수 있다. 한 마리 붕어의 얄팍한 행동으로 인해 결국 둘 다 살아 갈 수 없게 된 것을 보면, 이제는 남에게 주는 것이 오히려 나를 채우는 것이기에 다른 사람을 위해서 무엇인가를 해야 할 것이다. 그렇기에 우리가 살아오면서 자신도 모르게 알게 된 지혜를 다른 사람에게 나누어 주고 세상과 이웃에 건강한 균형을 잡아야 할 때라고 본다. 우리가 거저 받아온 것처럼…

하나의 나무가 푸른 숲의 시작이다. 하나의 작은 물줄기가 모여서 큰 강을 이룬다. 하나의 잘 박힌 못이 10 킬로그램의 무게를 감당한다고 들었다. 이처럼 사랑하고 베푸는 손 내밀고 마음의 상록수 한 그루를 심어 무성한 숲의 기초를 이루고, 봉사의 물줄기가 큰 사랑의 강을 이루고 행복과 행운의 못을 잘 박아 우리 모두 사랑과 봉사의 무게를 기쁘게 감당했으면 좋겠다. 그렇게 함으로 소외된 이웃에게 어두운 밤 등대는 되어 줄 수 없을지라도 우리의 작은 노력이 행복으로 갈 수 있는 따뜻한 길을 인도해 줄 수는 있다고 생각한다.

"세상에 빛을 이웃에 사랑을"이라는 슬로건을 내걸고 대한민국을 밝힌 전력산업 119년의 역사를 지닌 한국전력공사는 멋진 기업이다.

경제협력개발기구(OECD)국가 중 최저수준의 전기요금, 세계 최고 수준의 고품질 전력을 공급하는 혁신적 전력서비스를 제공하는 것을 보면서 자긍심을 갖고 미래를 개척해 가는 공기업의 일원으로서 보람을 갖는다.

호롱불 켜던 때를 반추해 볼 때 지금은 얼마나 큰 세 잎 클로버가 되어 국가산업에 에너지를 공급하고 여러 사람 에게는 밝음을 선물 한다는 생각을 하면 뿌듯함이 다가온다.

우연히 어떤 TV 프로그램속의 이야기를 알게 되었는데, 한 남자가 사업에 실패한 결과로 가족이 해체되고 노숙자로 생활한 지 2년쯤 되었을 무렵 습관적으로 로또를 구입하였는데 1등에 당첨되어 중학교시절 부터 꿈꿔 온 유럽여행을 실컷 즐기고 왔다고 한다. 그렇게 하고도 돈은 남아 있었지만 거기에 만족하지 못하고 다시 1등에 도전한다고 한다. 그 남자는 1등 도전 외에는 다른 계획은 말하고 있지 않았다. 그럼 그것이 행운을 가져다 준 것일까? 다시 1등에 도전하는 일이 먼저가 아니라, 세 잎 클로버 즉, 잃어버린 가족을 찾는 것이 더 우선일 텐데 말이다.

나는 세 잎 클로버이다. 그러나 아주 가끔은 네 잎 클로버가 되고 싶기도 하다. 그것도 꼭 필요할 때…

그러나 나는 그동안 얼마나 많은 기간 동안 네 잎만 추구하다 흔히 주변에 볼 수 있는 세 잎은 무시한 채 살아오지 않았는지 …

그래도 지금 돌이켜 보면, 세 잎 클로버 속에서 온통 행복한 시간이었음을 고백 하게 된다.

지금 날아야 해

러시아의 문호 톨스토이는, “세 가지 질문”이라는 글에서 “이 세상에서 가장 중요한 때는 언제인가?

가장 필요한 사람은 누구인가?

가장 중요한 일은 무엇인가?” 라는 질문에 대한 대답은 다음과 같았다.

“이 세상에서 가장 중요한 때는 바로 지금이고, 이 세상에서 가장 필요한 사람은 바로 지금 내가 만나는 사람이고, 이 세상에서 가장 중요한 일은 바로 내 옆에 있는 사람에게 선을 행하는 것이다”.

나 역시 가장 소중한 단어 하나를 뽑는다면 “지금”이라고 말할 수 있다.

미국의 방송설교가요, 저술가인 스티브 브라운의 저서 “둥지를 허물어뜨릴 때 (When your rope broken)”에 이런 이야기가 나온다.

어떤 어미 새가 새끼를 둥지에서 내보낼 때가 되었다고 판단하면 둥지에서 새끼를 몰아내기 시작하는데 특별히 고집 센 새끼가 둥지를 떠나지 않으려 하면 어미 새는 둥지를 허물어버린다는 것이다. 우리는 이런 상황에서 어미 새와 새끼 새 사이에 오가는 대화를 상상할 수 있다.

"엄마 지금 뭐 하는 거야".

"네 둥지를 허물고 있단다".

"엄마는 도대체 왜 그러는 거야? 날 사랑하지 않는 거야?"

"물론 사랑하지, 사랑하기 때문에 둥지를 부수는 거야 그래야 네가 날 수 있거든 너는 날아야 해! 그것도 지금"

새끼 새는 갑자기 공중에 붕 떠서 날갯짓을 한다. 스스로의 능력에 놀란 새끼 새는 희열에 찬 목소리로 엄마를 부른다.

"엄마! 이것 봐 내가 날고 있어"

"응 그래 너는 날고 있어, 둥지가 사라졌기 때문이란다".

"저스트 인 타임(Just in time)" 이란 말이 있다. 제시간에 맞춘다는 의미로도 해석하면 될 것이다.

언젠가 기회를 놓쳐서 지나가버린 시간 속에서 얼마나 아쉬워하며 발버둥 쳐 본적이 한 두 번쯤은 있었을 법하다. 부모에게 효도 할 수 있는 기회를 놓치고 돌아가신 뒤에 후회해 본들 무슨 소용이 있겠는가?

"네가 어느 때까지 머뭇머뭇 하겠느냐?" 라는 성경구절이 생각난다. 짧은 인생은 시간 낭비 때문에 더욱 짧아진다.

가장 어리석은 변명은 "시간이 없어서" 라는 말로 인생이 뒤안길이 되어버리지는 않을지 잠시 생각에 잠겨 보라. 패자처럼 시간에 끌려 다니지 말고 승자처럼 시간을 관리하며 그래도 지금 할 수 있을 때 일어서야 할 것이다.

추위에 떨어본 사람일수록 햇볕의 따뜻함이 더 크게 느껴질 것이다. 인생의 고뇌를 맛본 사람일수록 혹시 둥지속의 새처럼 안락만 추구하다 진정 소중한 것을 잃어 버렸던 경험은 없었는지 생각해 본다.

8초라는 시간에 대해 누군가 언급한 것을 본적이 있다. 아이에게 애정을 전달하고 싶으면 8초간 아이를 가슴에 꼭 안고 얼마나 아이를 사랑하는지, 또 상처가 될 만한 일이 있었다면 사과를 하거나 그럴 수밖에 없었던 상황을 설명해 줘야 한다고 한다. 그 짧은 8초는 그 아이로 하여금 사랑을 심어주고 확인해주는 중요한 순간이 될 것이다.

누군가를 사랑하려거든 지금 바로하자!

행복은, 아주 드물게 찾아오는 거창한 행운 보다는 하루하루 일어나는 자잘한 편리함과 행복이 "지금"의 기쁨에 깃들어 있다.

인생의 중요한 결정을 내릴 때마다 서커스의 공중그네 이론을 생각해 본다. 첫 번째 잡은 오른손을 놓아야 두 번째 공중그네를 왼손으로 잡을 수 있다. 손을 놓는 것이 무서워서 첫 번째 공중그네를 오른손으로 잡고만 있다면 두 번째 공중그네를 왼손으로 잡을 수 없다는 사실이다. 그래서 인생의 비극은 우리가 겪는 고통속에 있는 것이 아니라 우리가 지금이라는 시간을 놓치는 것에 있음을 알게 된다.

누구나 공평하게 부여받은 소중한 것, 바로 "오늘" 그리고 오늘의 핵심은 "지금"이다

어제를 잃으면 내일은 불분명하다.

히말라야 설산에 "설산조"라는 새가 있다고 한다. 이 새는 날씨가 따뜻한 낮에는 실컷 놀다가 기온이 뚝 떨어지는 밤이 되면 추위에 떨

며 '내일은 꼭 집을 지어야지' 하고 다짐한다. 그러나 다시 날이 밝으면 어제의 다짐은 까맣게 잊어버리고 다시 예전처럼 놀기에 여념이 없다는 것이다.

사다리의 가로대는, 발을 올려놓고 편히 쉬라고 만든 것이 아니라 한발을 다음 단계로 올려놓기 전에 잠시 다른 한발을 받쳐주는 역할을 충실히 해야 하듯이 지금 해야 할 일을 미루고 머물러만 있지는 않은지 생각해 본다. 집을 지어야 한다. 그리고 날아야한다. 바로 지금!

행복공장의 시너지

감사와 사랑은 늘 함께하는 사이좋은 친구다. 사랑을 태양이라고 본다면 감사는 달 일 것이다. 남성이 사랑이라면, 여성은 감사라고 표현하고 싶다. 사랑은 모든 부정적인 감정과 힘을 물리치고 몸에 활력을 가져다주는 최고의 묘약이라고 본다면, 감사는 꿈과 희망 그리고 충만함과 풍성한 복을 받기 위한 전주곡이라 할 수 있을 것이다.

물 분자는 수소원자 둘, 산소 원자 하나로 이뤄진 것처럼, 만일 감사와 사랑을 물과 같이 최상으로 결합하려 한다면 힘과 영향력이 센 감사가 2, 사랑이 1이면 좋을 것 같다. 감사가 두 배 강한 셈이다. 감사 2, 사랑 1의 비율로 살아보자.

감사(Thank)란 단어는, 생각(Think)에 그 뿌리를 두고 있다. 감사하는 순간 생각이 열리고 마음이 열린다.

끊임없이 솟아나는 깊은 숲속 옹달샘처럼 더불어 살아가는 행복한 인생을 영위하기 위해서는 감사의 마음 만큼은 많이 보듬으면서 그리고 표현하면서 살아보자.

오늘도 눈을 떠서 아침을 맞이하여 행복한 하루를 열 수 있는 것은 누군가의 도움이 있기에 가능한 일이다.

그래서 성경에 "네 이웃을 내 몸과 같이 사랑하라"고 말하고 있는 것 같다. 우리에게 온 마음을 다하여 사랑해야 할 대상이 있다면 하루하루가 벅찬 감동의 연속으로 다가올 것이다.

아주 조그맣고 어여쁜 악기 하나가 있다. 흙으로 빚어진 한 손에 들어오는 이 조그만 악기에서 나는 소리는 우리의 심금을 울린다 "오카리나"라는 악기다. 나는 일전에 이 악기를 배울 수 있는 기회가 짧게 주어졌다. 난생 처음 배우면서 너무나 감사했다. 오카리나는 왼손과 오른손 열 손가락으로 공기구멍을 다 막을 수 있어야 제 소리를 낼 수 있기 때문이다. 만일 내 손가락이 하나라도 모자랐다면 배울 수조차 없다는 생각을 하면 너무 감사한 것이다.

더 나아가 지금도 먹고 싶은 음식을 나는 먹을 수 있음에 감사하다. 두 다리로 걸어 다닐 수 있음에 더욱 감사하고, 보고 싶은 것을 마음대로 볼 수 있어서 행복하다.

사랑은 다시 시작하게 하는 힘이다.

지쳐 주저앉은 나를 일으키는 동력이다. 새로운 길을 열어주는 가능성이다. 힘든 마음이 찾아올 때, 가장 좋은 약은 사랑이기에 이제는 우리 모두 서로 사랑 꾸러미를 꺼내어 펼쳐보자.

감사도 되는대로 대충대충 하는 감사가 아니라, 늘 감사하는 마음으로 아름답고 소담스러운 열매를 맺어 사랑의 바구니에 채워 우리의 마음을 감사로 배부르게 해보자.

댐에 가두어 둔 물이 큰 힘을 만들 듯이 감사는 우리의 가슴을 벅차오르게 한다. 파릇파릇 돋아나는 새싹이 점차 짙어가는 녹음처럼 감사하는 마음도 꾸준했으면 좋겠다. 우리가 살아가는 데는 공기와 물이 필요하듯 감사와 사랑이 절대로 필요하다.

다른 사람의 신뢰를 얻고 싶다면 먼저 그 사람을 사랑하고 함께 있음에 감사해 보기로 하자!

몇 년 전, 옥천지역에서 아직도 전기가 들어오지 않은 곳을 조사하다 보니 산중턱에서 거주하는 어느 외딴집은 전기를 사용하려면 기존 공급선로와 너무 많이 떨어져 있어 막대한 비용이 들기 때문에 그냥 불편을 감수하고 산다는 것이다.

사회간접자본이 미쳐 챙겨주지 못하는 현실이 아쉬운 대목이다.

최근 들어서는 여름철에 주택용 누진제 관련으로 요금부담 때문에 힘들다고 하지만, 전력수급 비상시를 제외 하고 우리는 전기를 쓰고 싶을 때 제공된 전기를 마음 놓고 쓸 수 있음에도 감사하자.

19세기 후반 미국의 심리학자 윌리엄 제임스와 독일의 칼 랑게는 “우리는 우니까 슬퍼지고, 도망가니까 무서워지고, 웃으니까 즐거워진다”는 ‘제임스랑게 이론’을 발표했다. 이에 따르면 인간은 일부러 웃음을 짓다 보면 덩달아 즐거워지고 아무 이유 없이 울다 보면 진짜 슬퍼진다는 것이다.

항상 자신 있다고 말하는 사람이 실제로 자신감 있게 모든 일을 처리 해 나가는 것도 그 예이다.

일부러 감사하자. 그리고 따뜻한 사랑도 해보자. 그래서 행복의 재료인 감사와 사랑으로 우리 인생의 나무에 탐스럽고 풍성한 삶의 열매를 맺어보자. T_2L(Thanks2 Love), 감사 두 번, 사랑 한 번,

행복을 만드는 공장이 있다면, 그 주인은 “감사“이고, 그 공장장은 ”사랑“ 일 것이다.

꽃은 흔들리면서 핀다

겨우내 움츠렸던 수많은 꽃이 꽃망울을 터트린다. 이제 완연한 봄이다. 길가의 벚나무가 순백의 하얀 옷을 입고 아름다운 꽃을 활짝 피어 우리를 반기고 있다.

도종환 시인은 〈흔들리며 피는 꽃〉이라는 시에서 이렇게 말하고 있다.

"흔들리지 않고 피는 꽃이 어디 있으랴
이 세상 그 어떤 아름다운 꽃들도 다 흔들리면서 피었나니
흔들리면서 줄기를 곧게 세웠나니
흔들리지 않고 가는 사랑이 어디 있으랴" (하략)

우리의 삶을 뒤돌아보면 누구나 흔들리면서 피는 꽃처럼 성장

과정과 사랑하는 관계와 부모자식 사이에도 갈등과 고통은 늘 있게 마련이어서 이것을 어떻게 극복 하는가에 따라 행복한 관계가 지속되기도 하고 아픔을 안고 살아가기도 한 것 같다.

그 모든 것이 우리네 살아가는 모습이 아닐는지. 그래서 시인은 이 세상 모든 꽃이 그러하듯 흔들리면서 꽃은 핀다고 한 것 같다. 또한 꽃은 흔들림으로 향기를 발한다.

그윽한 향기가 어쩌면 나비 한 마리가 가냘픈 날갯짓을 불러일으키는 아주 작은 기류의 떨림이 시간과 거리를 지나면서 그 파장이 커져 지구 반대편에 이르러서는 폭풍이 될 수도 있다는 나비효과가 꽃의 향기에도 적용 된다고 믿는다.

엘랑비탈(Elan vital)은 생명의 도약, 분출하는 생명력을 의미한다. 이 땅에 모든 생명은 끊임없이 변화하고 성숙한다고 프랑스의 철학자 베르그송 은 생각했던 것이다.

그러나 진정한 엘랑비탈은 우리의 삶을 지탱하는 생명의 힘! 우리의 삶을 약동시키고 솟구치는 생명의 힘은 부활한 "예수 그리스도" 에게만 있다고 나는 믿는다.

해묵은 삶을 새롭게 하고 낡은 세상을 변혁하는 역동적인 힘, 창조의 힘, 마침내 인류 최대의 숙적 죽음마저도 정복하는 영원한 생명의 힘, 끝없이 펼쳐지는 생명의 에너지, 그런 엘랑비탈 인생이 되었으면 좋겠다.

꽃이 흔들리면서 피는 것도 어쩌면 생명을 유지하기 위한 또 하나의 몸부림이라고 생각된다.

서정주 시인은 "국화 옆에서"라는 시에서 이렇게 노래하고 있다.

"한 송이 국화꽃을 피우기 위해
봄부터 소쩍새는 그렇게 울었나 보다" 그리고
"천둥은 먹구름 속에서
또 그렇게 울었나 보다"라고 노래했다.

프랑스 폴 베르레느 시인은 "인생의 희망" 이라는 시에서 다음과 같이 노래했다.

"언제나 인생은 평화와 행복으로만 살아갈 수는 없다.
괴로움이 필요하다 괴로움을 두려워하지 말고
슬퍼하지도 말라 참고 견디어 나가는 것이 인생이다.
인생의 희망은 늘 괴로운 언덕길 너머에 기다리고 있다."

누구에게나 인생의 풍파는 있는 것이다. 흔들리지 않고 피는 꽃은 없고 시련 없이 열매 맺는 나무가 없듯이 인생은 우리 스스로 도덕적으로, 인격적으로 훌륭하다 해도 어쩔 수가 없는 것을 시인은 노래 하였나보다.

그래서 인생의 희망을 어둠속에서 빛을 찾아내듯이 찾아야만 한다. 인생의 희망은 고통과 시련의 언덕길을 넘고 칠흑 같이 캄캄한 터널을 지날 때 묵묵히 그것을 감내해야만 한다.

예수 그리스도는 인류의 구원을 위해 골고다 언덕에서 십자가를 짊어져야 했듯이 우리는 고통과 시련의 언덕길을 마다 않고 가야만 한다. 저마다 짊어진 인생의 삶의 짐을 달게 지고 가야만 하도록 애당초 창조 되었는지도 모른다.

꽃은 흔들리면서 향기를 발한다. 고난을 지나온 내면의 그윽한 향기는 그 꽃이 피어있는 동안 떠나지 않을 것이며 그 주변에는 벌과 나비가 춤을 추며 반기고 있는 것이다.

초등학교 1학년 때 학교에서 집에 돌아오면 늘 함께 놀았던 소꿉동무가 있었다. 노란색 옷을 즐겨 입고 다녔던 그 동무가 어느 날 보이지 않았다. 할아버지와 할머니 세 식구가 살고 있었는데 갑자기 저 세상으로 떠났다고 한다. 왜 그렇게 빨리 떠났는지 무슨 사유로 그렇게 되었는지 수 십 년이 지난 지금도 나는 알 수가 없다. 단지 어릴 적 같이 놀았던 친구가 사라졌듯이, 언젠가 우리도 지구에서 사라진다. 그 동무처럼 …

꽃은 핀다. 누구나 피워야 할 꽃이 있다. 그리고 그 꽃은 얼마동안 핀 후에 꽃은 지게 마련이다. 지지 않는 꽃은 꽃이 아니다.

영원히 피어있는 꽃은 생명이 있는 꽃이 아니다. 아무리 아름다운 꽃 일지라도 꽃이 피는 것은 어쩌면 지기 위해 피는지도 모른다. 피고 지고… 그리고 또 그렇게 꽃은 흔들리면서 피었다가 진다.

사랑하는 것과 좋아하는 것

오월은 역시 계절의 여왕답다. 어느 곳을 다녀 보아도 싱그럽고 풍성하다. 자연이 주는 향기는 아무도 흉내 내지 못할 것이다. 이 아름다운 계절과 더불어 여기저기서 청첩장이 날아드는 것을 보면 아름다운 결실의 결혼시즌인 것 같다.

어느 외동딸을 가진 아버지가 그동안 결혼을 반대만 해오던 어느 날 딸이 좋아하는 남자를 집에 데려 왔으니 더 이상 반대만 하고 있을 수 없는 노릇이었다. 딸이 데려온 청년과 할 수 없이 마주 앉아 대화를 하든지 아니면 보고 싶지 않다고 내 보내든지 해야 하는데, 애지중지 키운 딸의 얼굴을 보니 이제 계속 품에 끼고 살 수 만은 없는 때가 온 것을 느끼면서 대화를 시작했다.

아버지는 조심스레 질문을 하였다.

"자네는 내 딸의 어디가 그렇게도 좋은가? 내 딸을 그렇게 사랑하는가"?

예비사위는 대답했다.

"아닙니다 아버님! 저는 아버님의 딸을 사랑하는 것이 아니라 좋아하고 있습니다. 그리고 항상 좋아할 것입니다." 그러자 좋아하고 있다는 대답을 듣고 난 딸의 아버지는 그 남자에게 더 이상 질문을 계속해 나가지 않아도 될 만큼 흡족한 답을 얻은 듯 질문은 끝이 나고 그 날 딸의 손을 들어 주었다고 한다. 이것은 오래전에 직장상사 에게 들었던 얘기지만 그 말이 지금도 가슴에 와 닿고 기억이 새롭다.

사랑하는 것은 일순간의 감정으로 사랑할 수도 있고 그 사랑하는 부분에서 감정이 식어지면 지속적이지 못 할 수도 있지만 좋아하는 것은 꾸준하고 지속적이라고 할 수 있을 것이라는 제 나름의 논리로 해석해 볼 뿐이다.

사람을 평가할 때 그 사람 참 좋은 사람이야! 이렇게 말할 수도 있고 그 사람 참 사랑스런 사람이야 라고 말 할 수도 있을 텐데, 그 아버지의 마음은 기쁠 때나 어려울 때나 딸을 계속 지켜주고 아껴 줄 수 있는 것은 좋아한다고 표현하는 마음이 더 클 것 이라고 믿어진 까닭이라고 본다.

한국전력공사에 입사한 지 어느덧 35여년이 지나가고 있다. 돌이켜 보니 참 많은 사람들과 어울려 살아 왔다. 신입사원 시절에 뵈었던 선배가 지금은 퇴직 후 백발이 성성 해졌고. 이미 이 세상 사람이 아닌 분도 있다는 소식을 종종 접하게 된다. 공개채용의 관문을 거쳐 입사 후 수도권으로 발령받았는데 첫 발령지에 배치된 부서는 여직원이 많은 곳이었다.

그때 상사로부터 들은 첫마디는 "일 보다는 인간관계가 좋아야 한다"였다. 즉, 채용단계부터 직급과 직군이 상이한 많은 여직원과 잘 어울려야 한다고 말씀해 주셨던 기억이 난다.

조금은 여직원 사이에 있을 수 있는 질투나 시기를 잘 견뎌 내기 위한 방편을 알려준 것으로 받아드렸다. 속으로는 '그런 것은 걱정 안하셔도 되는데'라고 생각했지만 나중에 알고 보니 인생은 인간관계에 따라 승패가 달려 있음을 알게 되었다.

꽃보다 아름다운 것이 사람이며 칡넝쿨보다 질긴 것이 인연임을 알게 된 것이다. 그리고 노력은 항상 이익을 가져다 주고 무심하지 않았으며 그 만큼 대가를 치루기도 한다는 것도 깨닫게 되었다. 다양한 직급 간 계열속에 여직원보다 가깝게 할 수밖에 없었던 남자직원들과 부딪히며 일할 때도 많이 행복한 시간을 보냈던 것 같다. 지금은 직장동료와 더불어 존중하며, 사랑하며, 수많은 시간과 함께 즐겁게 지내왔음을 추억하며 언제까지나 좋아하는 마음을 갖고 그들을 사랑하기로 했다.

무엇보다 내가 먼저 사랑해야 한다는 것을 깨달았다. 성경에 보면 "네 이웃을 내 몸과 같이 사랑하라"고 했다. 여기서 사랑이란 "용서"가 전제되어야 할 것 이라고 생각한다. 그것이 최우선으로 자리 잡아야 할 것이다. 아무리 사랑하는 사람도 용서를 받아내지 못하면 그 사랑은 지속적이지 못할 것이다. 그리고 그 용서는 존중이 포함되리라. 그래서 권위적이고 보수적이라 할 수 있는 한국전력공사는 내부적으로도 권위주의를 없애자는 경영 슬로건이 한창일 때가 있었다.

말이 씨가 된다고 한다. 입 밖으로 나온 말은 우리의 무의식 속에 심어져 생명력을 얻고 뿌리를 내리고 자라서 똑 같은 열매를 맺는다. 그래서 성경에 "너희 말이 내 귀에 들린데로 너희에게 행하리니"라고 기록되어 있다.

사랑을 받고 싶으면 사랑의 씨를 뿌리고 행복을 거두고 싶으면 행복의 씨앗을 뿌려야 한다.

앞에서 말한 그 딸을 둔 아버지는 사랑보다는 좋아하는 마음을 깊게 심은 남자를 사위로 택한 것 같다. 사랑하는 것 그것은 좋아하는 것이고 좋아하는 것 그것은 또 사랑하는 것이기 때문에 금상첨화 라는 생각을 하게 된다. 좋아한다는 비단위에 사랑의 꽃이 수놓아질 때 인생의 살맛이 나는 것이라 믿어도 될 것 같다.

그 곳이 차마 꿈엔들 잊힐리야

"넓은 벌 동쪽 끝으로 옛 이야기 지줄 대는 실개천이 휘돌아 나가고 얼룩 백이 황소가 해설피 금빛 게으른 울음을 우는 곳 그 곳이 차마 꿈엔들 잊힐 리야" 로 시작하는 향토적인 순수 서정시 '향수'를 모르는 사람이 없을 정도로 유명한 시요, 또 우리의 심금을 울리며 마음의 동요를 일으키기에 충분한 가요로도 우리 곁에 살포시 다가와 있다. 한국 현대시의 선구자로서 우리의 언어를 시적으로 형상화하여 현대시의 성숙에 결정적인 기틀을 마련하였다고 볼 수 있는 정지용 시인은 충청북도 옥천이 고향이다.

가톨릭 신자인 그는 북한에 납치되어 아쉽게도 우리와 많이 접할 수는 없었지만 "향수"라는 시에서 그때 당시 전형적인 농촌의 모습으로 포근함과 아름다운 꿈이 서려있는 고즈넉한 고향의 모습과 가난하고 고단한 삶의 일상이 향수의 깊은 호소력에 담겨져 있다. 그리움, 보고 싶음, 애절함과 아울러 누구나 그리운 고향을 생각하면서 향수를 한 번씩 읊조릴 수 있는 여유로 만날 수 있어 시를 보거나 가요를 들을 때면 왠지 향수에 젖어들고 마음의 평안을 주고 있는 듯하다.

어린 시절을 시골에서 자란 사람이라면 누구나 "향수"의 노래를 들을 때 마음 한 켠에 고향에 대한 그리움으로 젖어드는 저녁 무렵 굴뚝에서 연기가 모락모락 피어오르고 쏟아지는 별빛 아래 어머니가 계신 곳, 언제나 가고 싶은 마음으로 가득하리라.

그 누가 그리움의 표현을 이토록 애잔하게 표현할 수 있을까? 시 구절마다 구구절절이 그리움의 표현을 어디다 비길 것인가! 고향에 대한 회상과 그리움의 정서를 강한 노스탤지어로 표현하고 있다. 시각과 청각적 이미지를 동원한 아름다운 묘사와 순 우리말의 정감을 살려 감각적이고 감미로운 향토적 정서가 절묘하게 돋보인다.

우리 마음의 고향은 낙엽이 되어 떨어지는 가을이 있고, 앙상한 가지만 남은 찬 서리에 젖은 냉혹한 겨울도 있다. 그런가 하면 새롭게 움이 돋는 봄도 있고, 푸른 숲으로 울창한 여름의 계절도 있다.

그래서 향수의 사랑을 느낄 수 있는 부모님과 고향이 함께 존재한다. 또 고향은 포근함과 정겨움 그리고 아무리 어려운 환경에서도 헤쳐 나올 수 있는 힘을 잉태할 수 있을 것만 같은, 어머니의 품안에서 남부러울 것 없이 근심 없는 어린아이의 해맑은 얼굴처럼 이미 우리 마음에 둥지를 틀고 있는 지도 모른다.

영국의 한 조사에 의하면 시골(녹지)에 사는 사람들이 도시에 사는 사람들에 비해 신체활력이 세 배가 높고, 비만 확률이 40%가 낮다고 한다.

또 네덜란드에서 실시한 조사에서도 1만 명을 대상으로 녹색의 노출을 10% 늘린 결과 평균 다섯 살 젊어지는 효과를 얻었다고 한다. 또한 콜레스테롤과 스트레스를 낮추며 어린이 성장을 촉진하고 가치관 형성에도 긍정적으로 작용한다고 발표한 적이 있다.

고우투 그린, 스마트 그린 (Go to green. Smart green.)은 행복지수를 높이는 길이다.

때로는 잔디를 찾아가 보라. 포근한 잔디에 앉아 삶의 지혜를 되뇌어 보자는 속삭임을 보낸다.

자연과 고향을 사랑하는 마음은 인간의 정신적 신체적 기능에 지대한 영향력을 행사할 뿐 아니라, 인간은 본래부터 영원을 사모하는 성향이 있어 본향을 그리워한다고 한다.

성경의 히브리서에는 "저희가 나온바 본향을 생각 하였더라면 돌아갈 기회가 있었으려니와 저희가 이제는 더 나은 본향을 사모하니 곧 하늘에 있는 것이라"고 말하고 있는 것이다.

이미 온 인류를 위해 창조되어진 질서 가운데 이 땅의 삶이 끝나면 진정 그것으로 끝일는지, 아니면 분명 언젠가 영원히 돌아갈 본향이 있어 원래부터 그리워하고 있는지, 우리는 심각하게 생각해 볼 필요가 있을 것이다.

1988년 해금(解禁)되던 그 해부터 정지용 시인의 생일인 5월 12일을 기점으로 매년 이맘때 쯤이면 옥천군과 옥천문화원에서는 '지용제' 라는 축제로 다양한 행사를 준비하여 시인 정지용의 삶의 향기를 가까이 느낄 수 있는 문학축제가 열린다.

그 외에도 옥천 어느 곳을 다녀도 "향수"라는 단어는 곳곳에서 쉽게 찾아볼 수 있는데, 이것을 보는 이로 하여금 정겹고 설레임으로 다가오리라. 그것은 모두가 옥천과 그곳에 태어난 시인을 사랑하고 있기 때문일 것이다.

한 마 음

아프리카 밀림에 사람의 영혼을 가진 식물이라는 뜻을 지닌 "유추프라카치아"라는 꽃이 있다고 한다.

이 식물은 깊은 밀림에서 공기와 소량의 물과 햇빛으로만 살아가는 음지식물인데 결벽증이 강해서 근처를 지나던 곤충이나 사람, 짐승이 살짝 건드리기만 해도 시들어질 뿐만 아니라 매일 받던 관심의 손길이 끊어지면 살아갈 희망을 잃고 시름시름 앓다가 죽는다는 것이다. 깊은 외로움을 간직하고 있을 법한 이 식물의 생명은 관심과 사랑에 있음을 학자들에 의해 발견되었다.

이처럼 미물인 식물도 관심이 필요한 것처럼 사람에게 관심과 사랑은 생명을 지탱하는 중요한 요소이다.

관심을 통해 사랑을 이끌어 낼 수 있으며 관심이 잉태되어 사랑을 낳는다. 노력을 중단하면 습관을 잃는 것처럼 관심을 중단

하면 사랑을 잃게 될 지도 모른다.

현대를 카오스(Kaos)시대라고 한다. 카오스란 우주가 형성되기 이전 혼돈과 혼란스러운 무질서 상태를 말한다.

매스컴에서는 연일 홍수처럼 실시간 정보를 쏟아 내고 각 사람들 간의 불만,오해 또는 착각 때문에 우리를 힘들게 하고 고민스럽게 하는 요인이 사방에 널려 있다.

세계를 둘러보아도 사정은 마찬가지다. 인종차별, 환경문제, 경제마찰, 국내분쟁, 종교를 둘러싼 전쟁, 핵문제 등이 작은 지구 위에 왜 그리 문제가 많은지...그리고 우리를 슬프게 하는 가슴

아픈 크고 작은 뉴스를 접하면서 최소한의 지켜야 할 도덕의 마지노선마저 무너진 채 살아간다.

이런저런 일이 우리네 삶을 점점 더 힘들게 하고 있다. 카오스의 바다 속에 빠져 허우적거리며 때로는 헤어 나오기 조차 어려운 상황이 전개되는 어려운 시대에 살아가고 있다.

가정의 달을 맞이하여 우리의 주위를 살펴보면 가장 가까이 있지만 화목하기 어려운 상대가 어쩌면 가족 구성원 일 수도 있다.

이처럼 가족관계에서 오는 갈등을 안은 채 살아가는 부모형제와 부부간에 진정한 마음의 상처와 아픔으로 부터 내면적인 치유 그리고 관계회복이 절실히 필요한 때다.

매사에 계산적이고 양분화 되어 있는 두 마음이 하나가 되는 것, 이것은 좀처럼 결합되기 어렵지만 관심과 사랑 그리고 배려와 이해의 줄로 묶어 보자.

미국의 사회심리학자 에리히 프롬은 사랑의 다섯 가지 속성 중에서 그 첫 번째가 "관심"이라고 말했다. 만약 누구라도 자신이 속해 있는 곳에서 무관심 속에 살아간다면 참으로 삭막한 삶의 여정이 아닐까 싶다.

한편으로는 "행복이 행복인 줄 몰라서 불행한 사람이 있으며, 불행을 불행으로 여기지 않으므로 행복을 누리는 사람도 있는 것"이다.

유심히 살펴보면 불행한 사람은 주로 불행한 순간을 언어화 한다. 반면에 행복한 사람은 행복한 순간을 마음에 붙잡고 사랑의 줄에 서 있는 것이리라.

그래서 인생은 인간관계의 중심에 서 있는 관심과 사랑에 달려 있다고 본다. 관심과 사랑은 습관처럼 아무리 강조해도 지나침이 없는 늘 몸에 지니며 꺼내 써야 하는 필요한 연료라 할 수 있을 것이다. 그렇다면 관심과 사랑의 연료를 언제 채워야 하는가?

지금 바로 마음의 연료탱크 안에 가득 채웠으면 좋겠다.

당시에 내가 소속한 한국전력공사 충북지역본부는 사회봉사단 활동에서 전국 최우수 인정단계 심사를 받고 있었다. 이것은 평소에 간부들에게 솔선수범하여 부차적인 업무가 아닌 본연업무의 자세로 사회봉사에 임해야 함을 강조하고 실천하게 하는 본부장 방침도 한마음으로 "관심과 사랑"의 맥을 같이 하고 있는 것이다.

성경의 시편은 하나님께 드리는 노래이면서 하나님을 찬양하는 것으로서 133편에 "보라 형제가 연합하여 동거함이 어찌 그리 선하고 아름다운고" 라는 대목에서 형제의 연합함을 아름답고 선하게 보는 하나님의 마음을 읽을 수 있다.

이처럼 아무리 어려운 환경에서도 서로 사랑하고 배려하는 끊을 수 없는 사랑의 줄로 매어 이 세상에서 만나 함께 걸어가야 하는 가족, 직장과 사업장에서 분리되어 있는 두 마음이 하나가 되어 한마음으로 사랑의 알갱이를 만들어 행복하게 살아가기를 소망해 본다.

나의 이름은 일심(一心) 이라는 흔하지 않은 이름으로 한마음이라는 뜻이다. 하나로 합한 마음 이라는 의미도 있으나 "변함없는 한결같은 마음"이 더 맘에 든다.

한마음으로 마음을 다스리고 시작도 한마음, 끝도 한마음으로 마음을 다해 정성으로 삶을 채워가는 것이야말로 내 삶의 마음이 정화되는 카타르시스(Catharsis)일 것이다. 그것이야말로 정신의 균형이나 안정을 회복하는 두마음이 한마음으로 승화되는 것이라 믿는다.

아름다운 말에는 향기가 있다

벌의 세계는 꽃과 식물의 싱그러움이 숨 쉬는 향기 있는 공간에 조직적인 체계를 갖춰 책임을 다하고 협동하는 날갯짓이 있다.

이 벌이 춤추는 곳에는 생명의 풍요로움이 가득하다. 이처럼 우리가 살아가는 생활 속에도 아름다운 삶의 요소에는 말의 향기가 꼭 필요한 것 같다.

그윽한 향기가 우리들의 마음을 따뜻하게 하여 더불어 윤택한 삶을 이루게 하였으면 좋겠다.

한 농부가 땀을 뻘뻘 흘리며 잡초를 뽑고 있었다. 이 지긋지긋한 잡초만 없다면 이런 고생은 안 해도 될 텐데 어째서 하나님은 이런 잡초를 만들어 냈을까? 그러자 이미 한 쪽 구석에 뽑혀져 있던 잡초가 말했다.

"우리를 지긋지긋한 존재라고 말하는데 그건 그렇지가 않답니다. 우리는 진흙탕 속으로 뿌리를 뻗음으로써 흙을 갈아 주고 있는데 우리가 없다면 흙을 우리만큼 잘 갈 수는 없을 겁니다. 뿐만 아니라 우리는 비가 내릴 때 밭을 지켜왔습니다. 만일 우리가 없었다면 비가 흙을 씻어 내리고 바람이 흙을 날려서 당신이 무엇을 가꾸고자 해도 불가능 했을 거라고요".

농부는 이 말을 듣더니 허리를 펴고 크게 웃었다. 그 이후로 그는 잡초를 소홀히 생각하지 않게 되었다. 잡초도 자기만의 일에 책임을 다하는 필요한 식물이기에 어느새 가까운 사이가 되다 보니 한 방울의 땀은 열매로 송이송이 맺어가고 있었다.

새 소리를 듣고도 어떤 사람은 새가 "운다"고 하고 어떤 사람은 새가 "노래한다"고 말한다. 어떤 방향에 귀기울이냐에 따라 바라보는 마음과 말은 전혀 다른 결과를 가져온다. 바라보는 것은

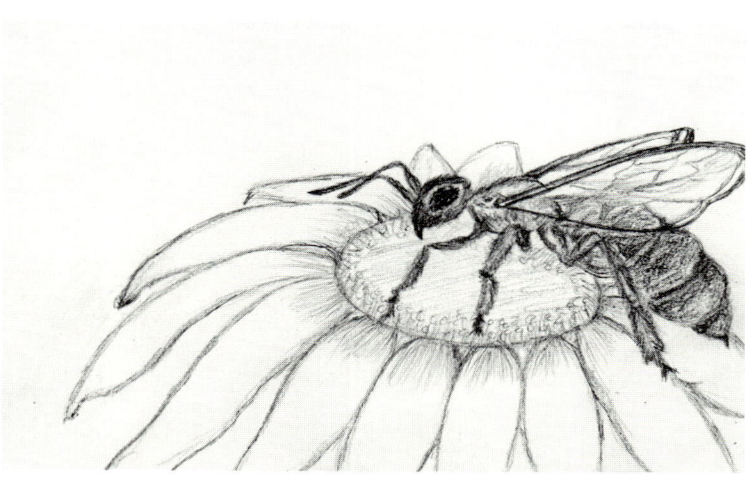

마음을 품는 것이다. 이처럼 말에도 향기를 더하면 상대의 단점도 장점으로 바꿀 수 있다고 생각한다.

진정한 성공자의 비밀이 있다면 그것은 다른 사람의 처지를 이해하고 내면 깊은 곳에서 우러나오는 아름다운 말의 향기를 발하는 사람일 것이다.

'윙크' 는 사랑하는 사람 들 만의 은밀한 신호가 아니라고 한다. 한 쪽 눈을 감음으로 당신의 단점을 덮고, 한 쪽 눈을 뜸으로 당신의 장점을 보겠다는 짧지만 강한 행복의 사인이다.

아주 조금만 나를 뒤로 하면 사랑이 보이고, 나를 낮추어 향기 나는 말을 하면 행복한 세상이 보일 것이다.

한국전력공사는 몇 년 전 권위주의 타파의 일환으로 "먼저 보는 사람이 먼저 인사 한다" 를 필두로 14계명을 발표하고 실천하고 있다. 거기에는 상호존중과 사랑하는 마음의 아름다운 관계를 엿볼 수 있다.

"사랑하는 사람을 볼 땐 눈으로 보지 말고 마음으로 보라"는 말이 있다. 내가 직장에서 과장 때의 일이다.

연세가 많으신 할머니 혼자서 사는 집에 전기요금을 못 내서 촛불을 켜고 사는데 돈은 준비가 안 되었지만 그냥 말이라도 해보고 싶어서 전화 하였다고 하면서 처음부터 울음을 터트렸다. 한 시간 동안이나 수화기를 들고 그 할머니의 힘든 가정사를 듣고 많지 않은 액수지만 대납을 해드리겠다고 하면서 할머니와 대화는 끝이 났다. 그 분은 누군가가 힘든 본인의 사정을 들어줄 사람이 필요해서 전기요금도 준비하지 않은 채 말을 건네 왔던 것이다.

상대방을 알아주고 마음을 보듬어 줄 수 있을 때 그 말은 향기가 되어 마음을 녹여 줄 수 있다고 본다. 그 할머니의 눈가에 맺힌 눈물과 가슴에 맺힌 한은 직접 보진 않았지만 십 수 년이 지난 지금도 생생하게 기억하고 있다. 지금은 전기요금 잘 내고 계실까 …

한 손으로 받고 또 한 손으로는 줄 수 있도록 하나님은 우리에게 두 손을 주신 것 같다. 이처럼 우리의 한 손은 배려로 또 한 손은 말의 향기로 채워보자.

성경 잠언에 보면 “선한 말은 꿀 송이 같아서 마음에 달고 뼈에 양약이 되느니라”고 하였고, “유순한 대답은 분노를 쉬게 하여도 과격한 말은 노를 격동 하느니라” 그리고 “죽고 사는 것이 혀의 권세에 달렸다”고 기록 되어 있다. 그만큼 말은 우리에게 중요할 뿐만 아니라 조심해야 함을 강조 한 것이리라.

유태인의 탈무드를 보면 “물고기는 언제나 입으로 낚이고 인간역시 입으로 걸려든다” 고 한다. 새장으로 부터 도망친 새는 붙잡을 수 있지만 입에서 나간 말은 붙잡을 수 없다. “침묵이 금이라면 아름다운 말의 향기는 다이아몬드다.

”좋은 항아리를 오늘 당장 사용하지 않으면 내일은 깨질지도 모른다. 말의 향기도 마찬가지가 아닐까!

숭고한 희생 보훈하는 마음

요즈음 여기저기에서 호국보훈에 관한 기사를 많이 접하게 된다. 6월은 호국보훈의 달로 나라를 위해 목숨을 바친 애국선열과 국군장병의 희생이 얼마나 귀중한 것인지 알게 된다. 보훈은 각기 주어진 위치에서 나라를 위해 헌신하여 희생하신 분의 넋이 우리의 마음에 고스란히 담겨 있음을 기리는 것이다.

그렇게 힘들었지만 애써 가꿔온 지난날 값진 희생의 시간을 그대로 이어 지금은 우리가 후손에게 물려주어야 할 나라이기에 희망의 새 시대를 위해 땀 흘리고 있음을 잊어서는 안된다.

몇 일전 신문기사에 선풍기 켜는 대통령이란 제목의 글을 보면서 사상초유의 전력수급 위기 상황을 온 나라 사람이 정부권장 정책을 이행하기를 바랄뿐이다. 경제에 초석이 될 에너지 공급 확대와 에너지 산업구조 선진화와 우리 실정에 맞는 수요관리 강화

단계를 밟아 나가서 우리 후손에게 부끄럽지 않은 유산을 물려줄수 있도록 풍부한 산업현장에서 최선을 다해야 한다. 마음껏 경쟁력을 갖춰 나갈 수 있는 기틀이 필요한 때임을 절감해야 한다. 한편 우리가 이렇게 전력난이 심각한 것은 어쩌면 "우리 모두가 풍요를 누리느라 뭔가를 잊고 살고 있지 않는가?" 라는 생각을 하게 된다.

우리는 불과 몇 십 년 전만해도 전쟁의 상흔과 폐허의 잿더미에서 살아가는 후진국 이었다. 지금은 무역규모 세계 10위의 경제 대국의 자리에 오르기 까지는 많은 이들의 희생이 있었다.

소매를 걷어 붙이고 신바람을 일으켜 오직 구국의 일념으로 이루어낸 업적이 있었다. 우리 시야에서는 사라졌지만 그 얼과 희생은 오직 애국충절로 일궈낸 커다란 유산이 되었다.

강과 산이 어우러져 비옥한 땅과 강이 흐르는 산 좋고 사람도 좋은 물 맑은 이곳 충청북도 옥천은 근무발령을 받아 처음 머무르게 되면서 알게 되고 정들어 가는 곳이다.

옥천은 우리나라 지도를 반으로 접었을 때 정확히 중간 지점에 위치하고 있고, 한국 현대시의 선구자 '향수' 를 대표하는 시인 정지용의 생가가 있다.

1970년대 개통된 우리나라 경제개발의 상징인 경부고속도로의 중간지점이면서 최악의 난공사 구간으로 꼽히는 금강휴게소 인근 옥천터널 주변 공사 중에 희생된 건설역군 일흔 일곱 분의 침묵속에 세워진 위령비 앞에서 저절로 머리를 숙이게 된다.

그 분 들의 희생의 댓가로 후손에게 남길 등록문화재 등재가 점차 추진된다고 하여 내심 반가운 일이지만 지금은 찾아오는 사람도 드물어 적막감 마저 맴도는 현장을 둘러보면서 숙연히 그 고귀한 희생을 기리는 묵념을 드렸다.

오늘 따라 문득 "논개"의 시가 떠오른다.

"흐르는 강물은
길이길이 푸르느니
그대의 꽃다운 혼
어이 아니 붉으랴
아! 강낭콩 꽃보다도 더 푸른
그 물결위에
양귀비 꽃 보다도 더 붉은
그 마음 흘러라"

이제는 우리 모두가 행복해지는 길을 함께 열어가기를 꿈꾸어 가며 지난 날 피 흘려 이 나라를 지키고 걱정하며 못다 이룬 꿈을 간직하고 떠난 그들의 영전에 머리숙일 뿐이다.

트라우마가 아닌 뉴로피드백

높은 바위에서 메말라가는 바닷가재가 있다. 그 바닷가재 에게는 바다로 되돌아가기에 충분한 힘은 있지만 지각이 없다. 그래서 바닷물이 자신에게 되돌아오기만을 기다릴 뿐이다. 만일 바닷물이 되돌아오지 않으면 그 바닷가재는 그 곳에서 말라 죽고 만다. 파도에 밀려 바위에 던져졌다는 생각에 사로잡힌채… 그러나 조금만 노력한다면 바닷가재 는 자신의 1미터 앞에 넘실대는 파도에 도달해서 목숨을 건질 수 있을 것이다.

인생에도 사람들을 '곤란한 지점'으로 몰아가는 파도가 있다. 그 파도는 바닷가재를 궁지에 몰아넣은 것처럼 사람들을 그곳에 고즈넉하게 남겨둔다.

우리가 세상을 살아가는 동안 기쁜 일도 많지만 도저히 기억하고 싶지 않은 가슴이 타들어가는 듯한 아픔의 쓴 뿌리를 안고 파

도에 휩쓸려 바위에 메말라 붙어 살아가는 사람도 있다. 그 정신적인 외상인 트라우마를 잊지 않고 살아간다면 평생을 고통 속에서 신음하며 살아갈 수밖에 없을 것이다.

우리는 다행스럽게도 "망각"이라는 귀한 선물을 통해서 차츰 안정되어지고 아팠던 상처가 치유 될 뿐만 아니라 마음의 평정을 되찾을 수 있음을 알게 된다.

사람들은 세월이 약이라고 말한다. 세월은 흐르는 물과 같다고도 한다. 따스하던 희망의 봄이 어디론가 사라져버리더니 무더운 여름을 훌쩍 뛰어넘어 어느새 쌀쌀한 가을을 지나 황혼의 겨울이 되곤 한다. 이처럼 시간이 지날수록 트라우마는 점점 우리 곁을 떠나감을 알 수 있다.

심리학에 '역설적 의도' 라는 것이 있다. "원하는 것을 얻기 위해서 그것과 반대되는 방법을 사용하면 결국에는 원하는 것을 얻을 수 있다"는 것이다. 불안으로부터 도망치지 말고 맞서야 한다는 것이다.

호랑이를 잡으려면 호랑이 굴로 들어가야 한다는 옛 선인의 지혜와 일맥상통하는 이야기다. 잠도 안 오는데 계속 자려고 노력해봤자 괴롭기만 하다. 마음을 바꾸는 것이다. 잠이 안 올 때에는 '잠을 꼭 자야하는데'라고 생각하지 말고, '좋아, 오늘은 잠을 안 자고 밤을 새보는 거야!' 라고 생각해보라고 어느 글 에서 읽은 기억이 난다. 그래서 열심히 책을 읽어라. 얼마나 잘 되었는가? 어떤 사람들은 잠이 너무 많아서 공부도 못하고 일의 능률도 안 오르는데 아예 잠을 안 자려고 마음을 먹는 것이다. 이렇게 마음을 먹으면 어느새 쿨쿨 자고 있는 모습을 발견하게 될 것이다.

내가 학위과정에서 전공한 뇌과학 응용분야의 뉴로피드백(Neuro feedback)은 인간의 체내에서 스스로 조절할 수 없는 기능이나 관련 정보를 인간이 알 수 있는 정보로 바꾸어 주어서 조절할 수 없거나 조절이 불가능한 기능을 조절 할 수 있도록 해주는 일이다. 또한 자신의 뇌파 정보를 직접 눈으로 보면서 뇌 발달에 필요한 뇌파를 스스로 조절하여 뇌신경 네트워크를 발달시키는 최첨단 뇌 훈련기술로 뇌 신경조직과 네트워크를 재조직하고 재구성하여 뇌를 스스로 활성화시키는 가장 과학적이고 효과적인 방법으로 21세기 두뇌혁명을 이끌어갈 이슈로 주목받고 있다.

이미 미국에서는 1960년대부터 심리학, 신경학, 의학 등 다양한 분야에서 많은 연구자에 의해 알코올과 약물중독, 치매, 간질, 주의력 결핍 장애, 과잉행동, 정서 장애, 우울증 등 특수질병에 적용하는 연구가 진행되고 있다. 결국 "뉴로피드백 프로그램"을 이용해서 자신의 뇌파 활동상황을 실시간으로 검토하면서 뇌파를 변화시키는 훈련을 통해 스스로의 힘으로 뇌의 화학적 작용과 네트워킹을 재구성해 뇌기능을 개선시키는 것인데, 이것은 정신적 외상인 트라우마를 치유하는데도 도움이 되고 있다.

요즈음 사회적으로 점점 정신적 육체적인 피로와 힘든 과정을 직 간접적으로 표출하는 사람들이 많아진 것을 볼 수 있다. 성격이 과격해지고 본인들의 사정에 조금이라도 힘든 상황이라고 느끼면 상대를 이해해 보려고도 하지 않은 생각이 어쩌면 그들의 트라우마 일는지 모르겠다.

결론적으로 많은 사람이 뉴로피드백 훈련을 통해 사회적응 훈련과 자신이 안고 있는 트라우마를 극복하고 정서적으로 안정된 삶을 되찾아 삶의 질을 높여 가기를 희망해 본다.

소통과 경청

현대를 살아가는데 갈등은 누구에게나 있다. 사회의 각 분야에서 야기되는 갈등 또한 수없이 많이 일어나는데 사회 갈등문제 전문가의 자료에 의하면 그 갈등 해소비용이 무려 약 300조원이 든다는 분석이 있다. 그 갈등의 원인 중 하나로 커뮤니케이션 이 문제인 경우가 다반사다.

좋은 리더는 진심으로 상대를 존중하고 내면의 가치를 찾도록 도움을 주며 서로의 생각을 소통하며 전달하는 것이다.

지난주 평소 알고 지내는 부부가 찾아와 하소연을 하는 것이었다. 문제는 남편이 아내의 말을 잘 안 들어 준다는 것이다. 아내가 운전 부주의로 도로가에 방치한 돌을 발견하지 못해 커브를 돌다 그만 범퍼를 찌그러뜨려 사고 난 자초지종을 얘기하려니 사람보다 차를 사랑한 것인지 화가 난 탓인지 남편이 “됐어! 듣고

싫지 않아!" 라고 딱 잘라 말문을 막아버린다는 것이다. 그 일 때문에 몇 일 동안 말도 안하고 지냈다고 한다.

살아가면서 이런 경우 흔히 볼 수 있는 광경인데 상대방의 말을 경청하는 것이 절실하다고 생각된다.

상대의 말을 들어주는 것이 사랑하는 방법이라는 것을 알아야 한다. 이것이 결핍될 때 부부는 헤어질 수도 있고 가정이 해체될 수도 있으며 자녀와도 갈등을 초래 할 수 있다.

경청할 줄 아는 태도. 우리에겐 경청하는 자세가 꼭 필요하다.

그래서 누구에게나 상대가 하는 말을 들어주는 사람이 꼭 필요하다.

가정에서, 직장에서, 학교에서 무슨 일이든 일의 실마리를 먼저 들어주는 자세를 실천하고 난 뒤에 판단하고 행동에 옮겨도 결코 늦지 않다는 것을 누구나 알아야 한다. 뿐만 아니라 그것을 실행에 옮겨야 한다.

특히 너무 가깝다고, 잘 안다고 쉽게 생각할 수 있는 아내와 남편의 관계는 아무리 바쁘고 피곤할 지라도 훗날 후회하지 말고 곁에 있을 때 잘해야 함은 당연지사일 것이다.

영국의 비평가이며 역사가인 토마스 카알라일은 왕성한 활동 때문에 매일 정신없이 바쁜 일과를 보내느라 본의 아니게 병든 아내와 충분한 시간을 보내지 못했다고 한다.

몇 년이 지나고 그 아내는 세상을 떠났다. 아내의 장례식을 마친 뒤 집으로 돌아왔을 때, 카알라일은 아내의 빈자리가 그토록

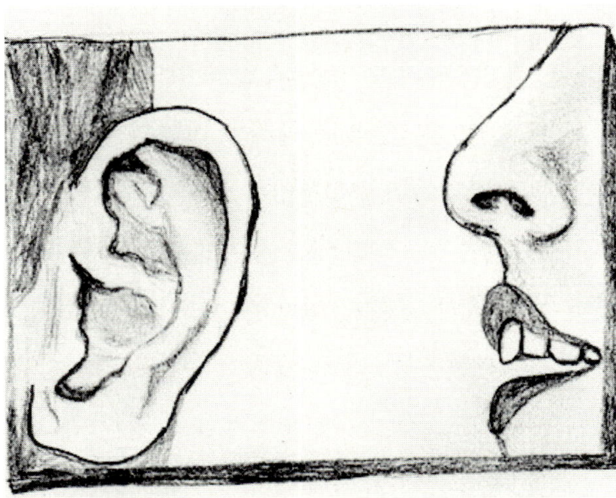

허전하고 공허함을 실감할 수 있었다. 그가 아내의 방으로 올라갔을 때, 그는 우연히 아내의 일기장을 발견했는데, 거기에는 이런 말이 적혀있었다.

"어제 남편은 나와 한 시간이나 같이 있어 주었고, 나는 하늘을 날아갈 듯 행복했다. 나는 남편을 너무도 사랑한다"

이 글을 본 카알라일은 충격을 받았다. 자기 일에만 몰두해 사느라 아내가 얼마나 자기를 필요로 했는지 몰랐던 것이다. 아내 제인의 일기장을 계속 넘기며 그는 또 다시 가슴이 무너져 내렸다.

"나는 남편이 집으로 오는 발자국 소리를 듣기 위해 하루 종일 귀를 기울이고 있었다. 그러나 이미 너무 어두워졌구나. 오늘은 못 오는 모양이다."

이 글을 본 뒤 그는 뛰쳐나가 교회 마당에 있는 아내의 무덤 앞에 꿇어 앉아 그는 울고 또 울었다고 한다.

'내가 이 사실을 알았더라면, 좀 더 일찍 알았더라면...' 카알라일의 이야기를 읽으며 잠깐왔다 사라지는 안개와 같은 이 세상속에 살아가는 많은 부부가 잠시 지나온 시간을 되돌아보며 더욱 가까이 다가가는 사랑으로 상대를 보듬어보길 권해본다.

세상은 지금 총체적인 멘붕 상태에 빠져들고 있고 훈훈한 사랑과 이해하는 정신이 살아 넘치던 공동체는 온데간데 없고 약육강식의 먹이사슬이 전개되고 있는 것이 어제와 오늘의 일이 아니다.

가정에서, 직장에서, 사업장에서 소통을 외치지만 입에서 쏟아내는 언어와 마음이 소통과는 거리가 멀고 혼란스럽기만 하다.

남아프리카공화국에 "우분투(Ubuntu)"라는 말이 있다고 한다. 이곳 부족이 사용하는 인사말인데, 우리말로 번역하면 "우리가 함께 있으므로 내가 있습니다" 라는 뜻이라고 한다. 도시문명과 비교했을 때 문화가 한참 뒤쳐진 아프리카 오지의 부족일지라도 서로 사랑하며 남을 먼저 생각하는 공동체의식 수준이 놀랍기만 하다.

그들은 "남을 슬프게 하고 나만 행복해서는 안 된다"는 살아있는 우분투 정신으로 서로 소통의 길을 모색하여 무언의 진정한 경청을 실천하고 있는 셈이다.

이런 실천은 소통의 물꼬가 트이게 되는 것이고 결국 행복지수를 높이는 길임에 틀림없다.

여성이 보는 남자의 매력

여성이 바라본 남성에 대한 시각은 다양하다. 나는 남성의 직장이라고도 할 수 있는 곳에서 30여년 넘게 근무하면서 그들과 지내다보니 그들 만의 특성을 조금이나마 파악할 수 있었던 것 같다. 그래서 남성을 잘 이해하고 오히려 편한 관계로 지내온 것에 감사한다.

산업의 동력이라고 할 수 있는 전력을 책임지고 있는 직장에 근무하면서 요즘은 에너지 절약실천의 모범을 보이느라 인내심의 한계를 느낄 정도의 무더위에 도전하고 있다.

잠시 눈을 돌려, 가족과 자신을 위해 평생을 직장에서 애쓰며 그것이 삶의 전부가 되어 살아가는 남자의 모습을 문득 글로 표현하고 싶은 생각이 들어 여성이 남성을 바라보는 시각과 매력남성상을 그려 보았다.

첫째는 매너(Manner)다.

남자에게 영향을 끼칠 수 있는 능력은 시야의 넓이와 크기에 맞는 구별된 삶의 성실한 태도이다. 책임감과 함께 오는 멋진 몸가짐과 깊은 신뢰에 따라 평가 된다고 본다. 일터와 모든 삶의 현장에서 삐걱거리고 왠지 잘 풀리지 않아 생각한 만큼 만족스러운 결과를 얻지 못할 지라도 마음의 평정을 찾고 미소 지을 수 있는 여유, 평소 마음에 베어 있는 포용력과 함께 배려하는 남성만의 기름을 쳐야한다. 늘 그런 기름통을 지니고 있는 남성이 여성의 마음을 사로잡는다.

오늘은 내가 비록 빗자루를 들고 남의 집 마당을 쓸고 있을지라도 그 일이 남의 일이 아니라, 지구의 한 모퉁이를 쓸고 있는 것이라고 여기는 사람이 이 시대가 요구하는 남성이고, 묵묵히 자기가 할 일을 포기하지 않고 변명하지 않고 최선을 다하는 사람이 매너 있는 사람이라 할 수 있을 것이다.

둘째는 무드(Mood)다.

유머감각이 생활 속에 묻어나는 남성을 생각만 해도 행복하다.

윈스톤 처칠경이 국무회의 때 지각을 하자 한 의원이 가시눈을 뜨고 말했다.

“처칠경은 왜 그리 중요한 회의 때 지각을 하십니까?” 라는 핀잔에 그는 ‘당신도 내 마누라 같이 예쁜 여성을 데리고 살아보세요. 도저히 지각을 하지 않을 수가 없을 겁니다’ 라고 응수 했다는 일화가 있다.

유머가 있는 남성은 행복의 흔적이 얼굴에 나타난다.

세상과 만나는 시점에는 항상 욕망이 드러나고, 그 욕망 때문에 가슴 아파하며 욕망의 부딪힘과 갈등이 빚어내는 삶의 얼룩과 상처가 우리를 가슴 아프게 한다. 그때그때의 상황에 따라서 발휘하는 유머와 재치로 분위기를 맞출 때 순간 마음의 상처를 아물게 할 수 있을 것이다.

셋째는, 돈 (Money)이다.

물질 만능주의 시대를 살아가면서 우리는 더 많은 것을 추구해야 할 필요도 있겠지만 적당히 쓸 줄 아는 남자는 멋진 남자라 할 것이다. 또 서로 나누며 이웃을 돌보며 살아가는 남성이 진짜 사나이가 아닐런지…

아랍 속담에 "햇빛만 쏟아지는 곳은 사막이 된다"는 말이 있다. 우리 인생이 그런 것 같다. 비바람이 불어 흐린 날이 있고 햇볕이 쨍쨍 내리 쬐이는 날도 있다.

세계 200여개의 나라에 75억 인구가 지구촌을 이루고 있는데 그 많은 사람들 중 유일무이한 사람은 바로 "나"이다.

"우주의 공간속에

작은 점 하나 꿈틀거리나니

그것이 바로 나"

라는 시가 있다. 시인의 말처럼 우주와 점과 나의 관계를 확인하는 순간 진정한 남성의 정체성이 확립될 것이다.

그래서 멋진 남자가 되려면 세련된 매너와 멋진 무드를 만들어내는 재치, 써야할 때 돈을 쓸 줄 아는 사람이 되어야 한다는 이상향을 생각해 본다.

매너(Manner)와 무드(Mood)와 돈(Money) 이란 단어가 모두 M으로 시작되어 3M의 이니셜을 갖춘 남성상이 여성들에게 멋진 남자로 부각되는 것 같다.

그 소중한 남성이여! 오늘도 크게 기지개를 펴보시라.

그리고 3M을 지니고 새아침을 맞자.

우생마사(牛生馬死) 서두르면 서툴다

옛날 시골 마을에 지루한 장마가 찾아왔다. 게다가 폭우까지 동반하여 쏟아졌다. 비가 너무 많이 와서 집이 물에 잠기고 가장 집물이 다 떠내려가고 있었다. 그래서 집에서 기르던 가축도 예외일 수는 없다.

소는 우직하게 음 메에~ 소리 내며 물에 몸을 맡긴 채 떠내려가다가 비가 그친 뒤에 땅을 밟게 되어 목숨을 부지하게 되었다.

반면에 말은 발 빠른 움직임으로 발버둥 치며 서두르다가 제풀에 힘이 빠져 결국 목숨을 잃게 된다.

이처럼 "우생마사(牛生馬死)"를 풀이하면 '소는 살고 말은 죽는다'는 뜻이 되겠다. 우리는 평소에 소처럼 듬직하고 서두르지 않고 침착하게 살아간다면 소기의 성과를 거둘 수 있고 오히려 서두르면 서툴다는 의미로 받아 들여야 할 것이다.

어떤 사람이 집 담장을 쌓아 달라는 부탁을 받았다. 주인이 빨리빨리 해 달라고 재촉을 하는 바람에 어느 정도 높이쯤 쌓았으면 벽돌이 마른 다음에 쌓는 것이 원칙임에도 불구하고 그 주인이 독촉하여 하루에 한 길이 넘도록 다 쌓았더니 벽이 기우는 느낌이 들었다.

그래서 이 사람이 등으로 담을 받치고 서서 빨리빨리 품삯부터 달라고 하여 공사현장을 떠나 버렸는데 인부가 떠난 후 급히 쌓은 담이 무너져 버렸다고 한다.

"빨리빨리" 사고방식 때문에 성수대교를 무너뜨려 32명의 소중한 목숨을 잃었고, 삼풍백화점이 순식간에 붕괴되어 502명의 목숨을 앗아갔다.

전국에 1300만여 가구에 초고속 인터넷이 설치되어 전 세계에서 1위 인터넷 망을 설치한 나라가 되었지만 그래도 느리다 싫어 동네 PC방으로 달려가는 게 성격 급한 우리 대한민국 사람이다.

느린 것을 참지 못하는 성격 때문에 교통사고율 세계 1위라는 불명예를 안고 있는 지도 모른다. 오늘 우리의 거리에는 그때보다 훨씬 더 빠른 속도로 많은 차가 질주하고 있다. 창을 열고 보면 정말 아찔할 정도로 무서운 속도로 빠르게 달리고 있다. 그래서 인지 매년 38만 명이 교통사고를 당하며, 이중에서 지난해 기준(2012년) 교통사고로 5천3백명이 사망했다고 발표한바 있다. 이 말은 매일 1천 명 이상이 교통사고를 당하고 있다는 말로서 누구나 교통사고에서 자유롭지 못하며 후천적 장애를 갖게 될 확률이 있다는 오명을 벗을 길이 없다.

세상에 단 하나 밖에 없는 소중한 내가 말(馬)처럼 서둘러서 평생을 고통과 후회 속에 살아가야 한다면 참으로 불행한 일이다.

오래 전 미국에서 한국 사람을 부를 때 "빨리빨리"라고 불렀던 적이 있었다고 한다. 얼마나 서둘렀으면 그런 호칭이 생겨났을까? 생각해 볼 일이다.

인생이 오늘 하루로만 다 되는 것은 아니다. 삶의 목적지에 서둘러 가는 일에만 매달리지 말자.

음악에도 쉼표가 있듯, 때로는 우리 인생에도 쉼표가 필요하다. 물론 남들 사는 것만큼 갖추고 살아가려면 잠도 자지 않고 열심을 다해 뛰어도 부족한 세상이 되어버렸다고 하더라도 잠시 짬을 내어 살펴보면 달라진다.

이번 주가 본격적인 휴가시즌이라고 한다. 우리 직장에서도 긴장을 조금도 늦추지 말아야 하는 시기이지만 유례없는 하계휴가를 강조 하는 것도, 오히려 잠시 휴식이 가져다 줄 긴장 속 업무의 끈을 더 세게 당길 수 있으리라 보기 때문이다. 그것도 몇 일간 집중휴가로 쉬어보자. 서두르지 않기 위해서라도.

우리네 인생 자체의 삶이 여행길이라면 아우토반을 달리는 포르쉐처럼 빨리 가는 것만이 능사는 아닐 것이다. 들과 산속의 시냇물 소리를 들으며 꽃도 보고 분주하게 날갯짓하는 벌도 보면서 냇가의 맑은 물에 비치는 내 모습을 발견하며 아름다운 추억을 담는 것도 자연에서 얻은 소중한 행복이 아닐까 생각해 본다.

멕시코의 수도 멕시코시티에는 세계에서 가장 활발한 불법 총기시장이 있는데 맥시코는 총기 소지가 쉬운 나라라고 한다. 작년에만 7백99건의 살인사건 중 절반 이상이 총기사건이었다. 살인사건 40% 이상은 말다툼에서 비롯되었다고 한다. 그러니까 총기 시장에서 물건 값 깎다가 총 맞을 수 있는 곳도 멕시코 이며, 이런 유사한 일이 빈번하게 일어난다고 한다. 울컥하는 분노심과 혈기를 참지 못해 빚어진 어이없는 일이다.

마음을 서두르면 화를 당하게 된다. 서두르는 것은 서툴기 때문이다. 그래서 욱하는 성질에 대해서 지혜의 왕 솔로몬은 일찍이 "노하기를 더디하는 자는 용사보다 낫고 자기의 마음을 다스리는 자는 성을 빼앗는 자보다 나으니라(잠언 16:32)" 고 말하고 있다.

밀물과 썰물

깊은 숲속에 둥지를 틀고 평화롭게 살아가는 예쁜 새 한 마리가 있었다. 그러던 어느 날 태풍이 찾아왔다. 비바람이 세차게 몰아쳤고 새는 살기 위해 나뭇가지에 매달려 태풍에 쓸려가지 않으려고 안간힘을 다했다.

마치 그 둥지를 떠나면 도저히 살아 갈 수 없을 것만 같았기 때문이다. 그러나 폭풍은 더 매몰차게 다가왔다. 그러자 새는 생각이 바뀌었다.

“폭풍에 나를 맡기자” 다짐하고 난 뒤 한참을 비바람에 휩쓸려 산과 계곡을 지나자 어느덧 폭풍우 속에 고요함이 찾아왔다.

그러자 그 새는 깜짝 놀라고 말았다. 지난 날 살았던 둥지가 최고라고 생각했지만 여기는 과거에 살아왔던 곳보다 훨씬 더 아름답고 졸졸졸 흐르는 물 맑은 계곡의 숲속 둥지가 기다리고 있었던 것이다. 그 뒤 예쁜 새는 그 보금자리에서 행복하게 살게 되었다.

삶은 어차피 고통의 바다를 가로질러 가는 돛단배가 아니겠는가? 양달이 있으면 응당 응달도 있는 법, 예쁜 새가 폭풍에 몸을 맡겼듯이 힘든 삶이 물밀듯 밀물처럼 밀려 들어와 도저히 혼자 어찌할 수 없이 매몰차게 고통이 엄습해 와서 몸부림친다 해도 방법이 없을 때 자연의 순리에 우리 자신을 맡겨보자. 그 숲속의 예쁜 새처럼 어쩌면 더 아름다운 세상이 준비되어 있는지도 모르는 일 아닌가? 힘껏 힘을 내어 폭풍우가 그칠 때 까지 가보자.

우리가 태어날 때부터 고고지성으로 부르짖으면서 태어났던 인생이 아닌가. 돌아갈 때 육신은 한줌 흙으로 사라질 것이고 영혼은 홀로 각각 짧은 아침안개와 같은 이 세상에서 그동안 준비한 곳으로 가게 되어있지 않는가.

휴가때는 일상의 복잡했던 마음을 내려놓자.

넓은 바다를 바라보며 끝없이 펼쳐져 있는 자연에 마음을 맡길 때 한없이 넓게 펼쳐진 세계를 바라 볼 수 있을 것이다. 그러다가도 어느새 나갔던 물이 들어오듯 휴가를 마치고 본연의 삶의 자리에 돌아오면 다시 가파른 삶에 깊이 빠져들어 가게 된다.

함께 살아가는 삶의 언저리에 끼어 볼품이 없어질 때도 있고 흥에 겨워 안주할 때도 있겠지만, 바다에 밀물과 썰물이 있듯이 우리 마음에도 그렇게 늘 무언가가 밀려 왔다가 쓸려나간다.

바다는 모든 것을 받아들여 삭이듯이 우리 마음도 마찬가지여야 한다고 생각한다.

바다에 배가 지나가면서 길을 내고 가듯이 우리 마음에도 누군가가 지나가면서 길을 낸다. 이제는 이 넓은 바다와 같은 마음으로 서로를 보듬고 품어보자. 마음을 품고, 실수를 품고, 관용을 품고, 관심을 품고, 사랑을 품자. 그리고 지구를 안아보자. 그것이 누군가의 기대나 관심으로 인하여 더 능률이 오르거나 결과가 좋아지듯이 밀물처럼 안아보자.

뿐만 아니라 다 씻어 내려 보내야 할 때는 과감히 씻어 버리자. 썰물처럼 흘려 보내자. 바위에 부딪혀 파랗게 멍든 바다를 보라! 생각을 바꾸고 비웠더니 또 새로운 마음의 신세계가 펼쳐져 그동안의 고통을 견뎌낸 흔적의 드넓은 바다를 발견할 수 있으리라.

내가 태어나 아주 어린 시절 살던 곳은 남쪽바다 고흥반도가 바라다 보이는 '득량만' 이라고 불리는 바다와 인접한 마을이었다.

배를 갖고 있는 분이 옆집에 살고 있어서 이따금 저녁때면 소라와 조개 등을 맛있게 먹기도 했다.

물이 쭉 빠져 뻘밭 이라고 생각 했는데 또 어느덧 물이 가득 푸른 바다가 펼쳐져 있는 모습이 지금도 눈에 선하다. 그렇게 바다는 조개도 주울 수 있는 곳이기도 하지만 어느새 인간으로 더 이상 비집고 들어갈 수 없이 물이 꽉 차 있는 곳이기도 했다.

무엇이 내 머리와 가슴에 꽉 들어 차있어 자유하지 못할 때 깊은 숲속의 예쁜 새처럼 폭풍우 속에 맞기리라.

갈 때는 무엇인지 모르지만 그렇게 가다보면 맘껏 팔을 걷어 올리고 펼쳐볼 수 있으리라. 그것을 꿈꿔 보기도 한다.

그냥 기다려본다. 그때가 내 인생의 어느 때 일지는 모르겠지만 우리는 그렇게 썰물 때에 바닷길이 들어나듯이 지금 한 생의 때를 보여주면서 함께 나란히 가고 있는 것이다.

러시아의 작가 도스토예프스키는 "가장 큰 행복이란 유한한 생명체가 무한한 생명의 근원으로 돌아가 절대자의 신성에 접근할 때"라고 말했다.

우리 인생의 어느 때가 가장 잘 접근할 수 있는 밀물일지 삶의 썰물의 한 때를 보내면서 이 뜨거운 여름에 한번쯤 생각의 날개를 달아보자.

분노하게 하는 데는 이유가 있다

땅에서는 귀뚜라미 등에 업혀오고 하늘에서는 뭉게구름 타고 온다는 처서(處暑)가 지난 요즈음, 낮에는 불볕더위가 한창이다. 이런 때일수록 우리 모두 전기를 절약하여 어려운 고비를 이겨내야 한다는 직업의식이 발동한다.

살아가면서 전기를 아끼듯 삶 가운데 화내는 것을 아끼고 다스려야 할 중요한 때가 있다.

분노는 인생을 망치는 일일 뿐만 아니라 우리의 삶의 질을 나락으로 떨어뜨려 수치와 인격의 바닥을 들어내 보이기도 한다. 순간의 감정과 혈기로 돌이킬 수 없이 평생을 후회하며 살아가야 할 지경에 까지 이르게 할 수도 있다.

분노와 심장병의 관계를 연구하여 오늘날도 이 사람의 주장이 학계에서 인정받고 있는 인물이 있다.

유명한 외과의사 이자 병리학자인 영국의 죤 헌터라는 사람이다. 그는 분노가 심장혈관에 압박을 초래하고 결국 심장병을 유발할 수 있다는 논문을 발표한 자리에서 "그건 말도 안 되는 소리야!" 라고 어떤 학자가 비난을 퍼부었다. 헌터는 참다못해 화가 치밀어 올라 자리를 박차고 일어나 맞고함 치다가 쓰러졌다. 결국 그는 숨을 거두고 말았다. 사망원인은 동맥경화, 극심한 분노가 심장혈관을 압박해서 심장마비로 사망하게 이르렀고 이처럼 분노가 인간의 생명에 얼마나 치명적 위험을 주는가를 헌터자신의 연구결과를 그가 죽음으로 증명한 셈이 되었다.

통계에 의하면 화를 잘 내는 사람이 그렇지 않는 사람에 비해 사망률이 20%가 높고 자주 분노한 사람은 심장병에 걸릴 확률이 두 배 높다고 한다. 그리고 젊은 시절 화를 많이 내는 사람은 50대 사망률이 그렇지 않은 사람에 비해 무려 다섯 배가 높다고 한다.

성선설을 주장한 맹자는 본래 인간은 선하게 지음 받았다고 하는데 도대체 우리 인간에게 무엇이 그토록 분노하게 하고 화나게 하고 있는 것일까?

태초에 아담과 이브가 에덴동산에서 살 때 모든 실과를 마음껏 먹되 선악과만은 먹지 말라 했는데, 뱀이 간교하게 '그 과일을 먹으면 하나님과 같이 된다' 고 꼬드긴다. 그 사건 이후 뱀은 종신토록 흙을 먹고 살리라고 했지만 뱀은 절대 흙을 먹지 않고 살아 있는 개구리나 쥐 등을 잡아먹고 산다. 그 말은 결국 그 사탄인 뱀이 흙으로 빚은 인간에게 들어오게 되었음을 말하고 있는 것이다. 그것도 31왕과 일곱 족속 만큼 즉, 하늘만큼 땅만큼 그 수많은 악한 영이 우리도 모르는 사이에 몸속에 들어와 마음과 생각을 주장하게 하여 사탄의 지배하에 인생은 살아가고 있는 것이다. 그러므로 우리는 우는 사자와 같이 삼킬 자를 찾고 있는 사탄을 대적하지 않으면 마귀의 밥이 될 수밖에 없는 것이다. 무시로 깨어 있어야 하고 시시때때로 악한 영과 싸워 이겨야한다. 이것을 영적전쟁이라고 부른다. 우리의 힘으로 절제 할 수 없을 때가 있다. 마귀는 우리가 될 것도 안 되게 하고 우리의 행복을 자르고 파멸에 이르도록 조종하고 넘어지게 하고 힘들게 한다. 또한 시기하고 질투하게 하고 의심하게 하고 교만하게 하고 간음하게 하고

도둑질하게 하고 종국에는 우리를 멸망의 길로 끝장 내어버린다. 여기서 파생된 분노 또한 인간의 힘으로 억제하지 못하도록 욱하는 성질을 수반해 화가 머리끝까지 치밀게 하는 것도 알고 보면 사탄의 계략이다.

이처럼 분노가 인체에 악영향을 미치고 죽음까지 이르게 하는데 우리가 어떻게 절제하고 막을 수 있을까?

그 해답은 우리 인간을 만든 창조주 하나님께 달려 있다.

자동차가 고장 나면 자동차를 만든 사람이 그 누구보다도 그 차에 대해 잘 알고 있는 것처럼, 인간의 힘으로 어찌 할 수 없을 때 우리를 지으신 창조주에게서 그 해답을 찾는 것이 지혜로운 사람일 것이다.

인간의 뇌는 말랑말랑하고 쭈글쭈글한 호두모양의 약 1.4kg 가량의 조직 조각이지만 놀라운 기능을 수행하고 있다.

이 뇌는 사랑에 빠지고, 달나라에 여행도 하고, 인공심장도 만들어 내기도 한다. 즉, 보고 듣고 느끼고 생각하고 행동하게 하는 모든 것이 우리 뇌의 활동에서 나오기 때문에 어쩌면 뇌 그 자체가 우리 자신이라고 볼 수도 있다. 그 뇌가 자신의 주된 기능을 만족시키지 못하다고 느낄 때 오는 상처와 분노를 뇌에만 의존한다면 과연 우리의 아픈 마음과 분노를 잘 다스릴 수 있을지 스스로 심사숙고해 봐야 할 것이다.

옥천 포도향기와 만남

입사 후 처음으로 수도권을 떠나 충청북도 옥천으로 발령 받아 여기저기를 둘러보니 '향수'와 '포도'라는 단어가 제일 많이 눈에 띄였다. 또한 업무 차 현장에 선로 순시 나갈 때 읍내를 벗어나면 곳곳에 포도밭이 많아 포도의 고장임을 눈으로 직접 확인시켜 주었다.

역시 그 맛 또한 탁월하여 보랏빛 높은 당도를 자랑하며 점차 해외 수출이 늘어남을 옥천에 사는 한사람으로서 자랑스럽게 생각한다. 그도 그럴 것이 청정하고 아름다운 고장으로 천혜의 토질과 기후조건이 농사 짓기 좋은 고장이다.

자연으로부터 오는 삶의 지혜와 곁들여 내가 제일 좋아하는 과일이 포도이기에 금새 포근함으로 다가와 준 관심이 더 갔던 만큼 알알이 매달려 맛있게 먹어주기만을 기다리는 포도가 정겹고 가깝게만 느껴진다. 포도는 그 열매가 싱그럽고 영글다. 그 중 청포도는 다 익어도 초록빛깔이 더욱 싱그럽게 느껴진다.

문득 이육사의 시 "청포도"가 생각난다.

"내 그를 맞아 이 포도를 따 먹으면
두 손을 함뿍 적셔도 좋으련
아이야 우리 식탁엔 은쟁반에
하이얀 모시 수건을 마련해 두렴"

밝고 청초한 싱그러운 시어가 아름답고 예쁜 섬세함이 가득한 이 시를 통해 끊임없는 향수와 기다림, 그리고 먼 미래를 향한 염원을 노래하고 있다. 청포도를 통해 밝은 미래가 담긴 희망을 마주하며 가슴에 지니게 된다.

풍요롭고 아름다운 삶을 꿈꾸는 소망이 아쉬움을 남긴 채 지나가버린 시간과 다가올 넉넉하고 풍성한 가을을 기대해 본다. 이육사의 청포도는 평화로운 삶속에 티 없이 맑고 깨끗한 정성이 담긴 간절한 심정이라 해석하고 싶다.

이번 여름은 유난히도 더워서 온 나라가 냉방의 시원함을 조금씩 양보해야만 했던 전력수급의 관리단계에서 이제는 한시름 놓게 될 것 같다.

어느덧 가을 문턱에 하늘 빛과 강물이 그렇듯이 점점 파랗게 되는 투명한 원색을 입힌 계절이 성큼 다가왔다. 뜨거운 태양이 작렬하기 까지 한 여름 볕이 물러가면서 금년 옥천의 포도 향기도 지나가게 되리라.

또 내년을 기다리며 농부는 가을걷이와 함께 겨울을 준비하리라. 포도를 먹은 뒤에 포도향기는 아직도 우리 입안에 머물러 있듯이 우리 사람에게도 나름의 향기가 따라다닐 것 같다.

아무도 흉내 낼 수 없는 영혼 깊은 곳에서 흘러나오는 건강한 조화와 함께 드러내는 그 내면의 따스함이 깃든 정성스런 기다림, 때로는 설레임과 인내로 각자 인생의 길에서 꽃피우기를 그토록 갈망하며 살아가고 있지 않은가.

나는 어떤 사람일까? 향기를 품어내는 사람일까? 무엇을 소유하며 만들어 가고 있을까? 아니면 향기 나는 사람만 따라 다니고 있는 것은 아닐까? 그럼 그 향기는 누가 발할 것인가?

사람의 인격도 향기가 있을 것 같다. 향내 나는 사람을 만나면 그 향기에 젖어든다. 아름다움이라는 향기를 담은 사람, 말의 향기를 지닌 사람, 자신보다 남을 높이는 겸손의 향기를 가진 사람, 매사에 유머로 즐겁게 해주어 가까이 다가서면 행복한 향기가 솔솔 풍기는 사람도 있다. 이런 사람은 오랜 세월이 지나도 늘 포도를 입안에 넣고 한 입 깨물 때 입안으로 스며드는 포도의 맛과 그 윽함이 꼭 필요한 자리에서 삶의 재미를 더 해줄 것이다.

가시가 온몸에 돋아있지만 아름다운 꽃을 피우는 장미의 지혜를 살핀다. 사람들은 누구나가 자기만의 소중한 인연을 간직하며 살아간다. 나 역시 이런 인연 때문에 가슴 설레고 있다. 옥천에서 만난 분들을 기억하게 되었고, 포도내음을 추억하게 되었다. 향기 나는 분들을 옥천에서도 만날 수 있었다. 내 삶에 잊지 못할 소중한 분들을 만나 정이 깊어졌다.

또 추수가 다가오는 이 가을, 바쁜 일손으로 일상을 가꾸고 있을 옥천 사람들의 모습을 떠올리면서 몇해 후 옥천 살이의 멋진 회상에 잠기게 될 것이다.

짧은 가을 긴 그리움

'당신 생각을 켜 놓은 채 잠이 들었습니다'

함민복 시인의 1연1행의 짧지만 울림이 강한 시, 아직 한낮에는 더위의 끝자락을 잡고 있는지 시의 감흥이 느껴지진 않았지만 퇴근 후 아무도 없는 사무실에서 다시 접한 이 시에는 깊은 그리움이 깔려 있었다.

찌는 듯한 무더위에 매일이 전쟁 같았던 전력공급의 현장에서 보낸 지가 불과 얼마 전 같은데 벌써 아침 저녁으로는 쌀쌀하고, 5일장에 나오는 사람들의 긴 옷차림, 그리고 짧은 시에도 감성적으로 변하는 내 모습을 돌이켜보니 벌써 가을이 절반은 다가온 듯하다.

가을이 되니 어린 시절 시골의 기억부터 시작해서 옛 생각에 푹 빠져든다. 내가 근무하고 있는 옥천이라는 곳 또한 어릴 적 모습과 많이 닮아있어 그런 것 같다. 차를 타고 조금만 나가면 황금색은 아니지만 벌써 제법 누르스름해진 벼가 고개 숙이고 있는 들녘이 펼쳐져 있다.

늘 푸르른 잎새가 단풍으로 서서히 물들어 가는 아름다운 산과 그 아래 차분히 흐르고 있는 금강을 보고 있노라면 그저 평범하게 살아오면서 이루어놓은 것은 없지만 성실하게 살아보려고 노력해온 지난날의 애씀과 그리움이 젖어드는 요즘이기도 하다.

가을은 매년 그 정취를 느껴볼 새도 없이 짧아지고 있는 것 같다. 어릴 때부터 수없이 들어왔던 우리나라의 자랑 '사계절이 뚜렷한 나라'는 내가 학창시절에도 누군가가 우리나라의 좋은 점에 대해서 말해보라고 하면 으레 두세 번 안에 나오는 답이기도 했

다. 하지만 요즘은 누구도 선뜻 사계절이 있음을 구분하지 못할 만큼 봄, 가을이 짧아지는 아열대성 기후로 변하고 있다. 무더위를 밀어내고 우리 곁에 올듯한 가을도 금세 겨울에게 바톤을 빼앗기면서 사라져 버릴 것이다.

한시라도 빨리 책상머리에서 일어나 들녘을 걸어보자. 시원한 가을바람을 맞으며 높디높은 가을 하늘을 만끽해보자.

가끔 나의 직장 본연의 업무인 안정적 전력공급을 위해 현장을 나가다 보면 엊그제만 해도 주렁주렁 열려있던 포도나무는 어느새 그 빛을 잃어가고 있고 여름 내내 계곡마다 빼곡하게 들어차 있던 시원한 물도 줄어들고 더위를 식히던 사람들도 오간데 없이 황량하기만 하다. 가을은 이토록 우리로 하여금 지나간 것을 그리워하게 하는 것 같다.

함초롬이 열려있던 열매, 계곡과 친구, 잘 어울리는 가족. 이러한 생각이 꼬리를 물어 지금 젊은 세대가 감히 상상할 수 없을 정도의 아름다운 시골의 어린날 추억이 주마등처럼 머리를 스쳐 지나간다.

스마트폰, SNS, 메신저 등 IT의 발전은 우리에게 편리함을 가져다 주었다. 다만 아쉬운 것은 정(情)과 감성, 소중한 추억을 빼앗아 가버린 그런 기분이다.

이 짧은 가을에라도 아날로그의 감성으로 돌아가 보는 것은 어떨까. 뜸했던 사람과 연락도 해보고 형형색색의 단풍 속을 걷기도 하며 겨울이 오기 전에 올 가을만의 추억, 사라져가는 가을의

낭만을 되살려 보는 것은 어떨까.

올 가을을 좀 만져보자. 그리고 한껏 멋을 부린 가을산과 숲에 들어가 가진 짐 내려놓고 숨을 크게 좀 쉬어보자. 마음 터놓고 자연의 경치에 푹 빠져 누워보자. 어릴 적 밤하늘의 별을 헤아리며 북두칠성 자리를 찾았던 것처럼 지금껏 달려온 길을 품에 안아보자.

우리네 인생살이 힘이 들고 어려워도…

갑자기 선선해진 날씨 속에 한고비를 못 넘기는 부고(訃告) 소식을 접하게 된다.

투병생활 끝에 생을 마치기도 하고 뜻밖의 사고 소식을 접하게 되면 마음 한구석이 바빠지는 일상으로 돌아와 내 자신의 깊은 소회(所懷)와 삶의 현주소를 찾아보게 된다.

하나님은 우리 인간을 만들 때부터 영원을 사모하는 마음을 주셨다고 하는데 이 가을에 인생의 황혼이 지나기 전에 피조물인 사람으로서 다 알 수도 측량할 수도 없지만 인생의 삶 속에 깊은 영원의 세계를 그리워하며 사모해 보는 것은 어떨른지…

여러 사람이 좋아하는 말이 있다. '있을 때 잘하자'이다. 그래서 '있을 때 잘해 후회하지 말고'로 시작하는 대중가요도 나왔는지 모르겠다.

기회가 주어진 한 번 뿐인 생을 사랑으로 깊이 젖어 누군가 함께 걸어보자! 지나온 시간 속에 긴 여행을 함께한 이들이면 더욱 의미 있는 발걸음이 될 것이다.

빌려서 살아가는 인생

렌트 (rent) 는 사용료 등을 내고 세내거나 일정기간 임차한 것을 말하는 것으로 원래 지대(地代)의 의미로도 많이 사용했다.

이제 우리 사회는 빌려 쓰는 일이 점차 늘어나고 있다. 자동차, 집, 정수기, 비데, 침대, 안마기,산업체에서 쓰이는 각종 장비, 연장, 공구 하물며 일하는 사람까지 …

다양한 분야에서 렌트는 일반화 되어가고 있지만 정작 잠깐 사는 이세상에 우리 인생의 삶도 사실 하나님으로부터 빌려 쓰고 있다는 사실을 모르는 사람들이 있는 것 같다.

하나님은 인간을 만들고 자유의지를 주어서 삶을 유지 할 수 있게 해 주었을 뿐만 아니라, 우리는 하나님으로부터 모든 것을 렌트하고 있다. 즉, 우리는 세상을 빌린 사람들이라 해도 과언이 아닐 것이다.

내 생명을 포함하여 내가 사용하는 집도 가족도 차도 옷가지도 모든 것을 다 잠시 빌려 쓰다가 이 세상 떠날 때는 "하나님 내 생명뿐만 아니라 내가 쓰던 모든 물건도 잘 사용했습니다. 감사합니다" 하고 이 세상을 떠나야 하는 것은 당연하다.

그럼에도 불구하고 이 세상 모든 사람들이 더 많은 땅과 더 많은 돈, 더 넓은 집, 더 좋은 차를 갖기 위해 경주를 벌이고 있다. 잠깐 멈춰 휴식의 즐거움을 느껴보지도 못하고, 이미 가지고 있는 안락을 누려보지도 못한 채 스스로 무덤 속으로 뛰어 들어가고 있다.

많은 사람들이 돈을 벌기위해 건강을 소모시키고 있으며, 그 건강을 되찾기 위해 번 돈을 다시 쓰고 있다. 게다가 기운이 없고

맥 빠진 상태로 반 쯤 넋이 나가서 아무것도 놓치지 않고 아무 것도 잃지 말아야 한다는 사실을 깨닫지 못한 채로 살아가고 있다.

그래서 그 옛날 광야에서는 바위에서 솟는 물을 마시면서도 그들은 계속 배가 고팠고 목이 말랐다. 파라오의 빵과 물만을 그리워했기 때문이다. 고통을 느낄 때마다 그들은 노예였을 때 먹었던 빵과 그때 마시던 물만을 찾았다. 물질의 빵, 명예의 빵, 권력의 빵, 인기의 빵, 이런 빵은 먹으면 먹을수록 배고프다.

그런 빵과 물은 먹으면 먹을수록 재물과 명예와 권력과 인기의 노예가 된다. 그들은 아직 생명을 주는 빵맛을 모른다. 생명과 희망을 주는 그 맛을 아직 모르기 때문이다. 그러기에 그들은 그리워 할 줄도 모른다.

배는 고프지 않았으나 마음은 너무 고프다. 그래서 인생이 어쩌면 오롯이 맺힌 꿈이 실현할 기회를 미루고 있지는 않은지 유감스럽게 생각한다. 그런 하나님으로부터 우리 인생을 잠시 빌려 쓴다는 기억이 지워지지 않을 때 소명과 꿈은 우리에게 평화와 행복을 가져다 줄 것이다.

그러나 우리는 주위에 무엇이 있는지 깨닫지 못하면 우리는 아름다움을 보지 못하고 기적을 놓친다. 어느새 경이로움이 냉소주의에게 자리를 내주게 될 것이다. 우리의 삶에는 사람들 저마다에게 주어진 고유의 역할이 있다. 비록 어제와 똑같은 일상이 우리를 기다리고 있다고 해도 일에 대하는 우리의 마음가짐은 언제나 새롭다. 그래서 모든 순간은 전체를 향해 열려 현재에 대한 집착에 안주하고 싶은 마음, 새로운 것에 대한 거부감, 확신, 불확실성에 대한 두려움을 내포하고 있다. 반면 '아직'이라는 말은 책임을 두려워하고, 목적 없이 평생 무언가를 쫓는 것을 의미할 수도 있다. 이것은 우리 인생의 모든 것을 누구에게로부터 빌리고 있다는 사실을 모르는 까닭이 아닌가 생각한다.

렌트해 주었던 주인의 음성을 들어야 한다. 그 분을 향한 마음의 문을 열어야 한다. 성경 요한계시록 3장20절에 의하면 "볼찌어다 내가 문밖에 서서 두드리노니 누구든지 내 음성을 듣고 문을 열면 내가 그에게로 들어가 그로 더불어 먹고 그는 나로 더불어 먹으리라"

이는 우리가 하나님 앞에 우리의 마음의 문을 열어야 하나님의 뜻을 따른다고 해석 할 수 있을 것이다. 우리 마음의 독소인 미움, 시기, 질투, 분노, 증오, 이기심, 탐심, 음란, 방탕 등은 우리 영혼을 병들게 하고 인생을 힘들게 한다.

이를 제거하고 자신만의 보석을 캐내기 위해 시작도 끝도 없는 광야로 떠나는 위대한 여정에서 하나님이 우리에게 주는 마음의 문은 평안과 행복이다. 그러므로 우리는 하나님께로부터 우리 "인생의 모든 것을 렌트하여 살아가고 있다"고 생각하고 그 분의 마음에 들도록 노력하는 것이 인생 최대의 소명일 것이다.

회복의 길은 다시 시작하는 것이다

대한민국 사람을 다음과 같이 말하고 있는 것을 어느 언론매체 에서 읽은 적이 있다. 중국 옆에서 자신 있게 살아가는 나라이고 일본을 우습게 아는 지구상 유일한 나라이며 세계 10대 경제강국이고 산업화와 민주화를 동시에 이루었으며 세계를 리드하는 IT강국 그리고 교육열이 세계 최고이며, 세계 제일의 우수한 두뇌가 있고 할리우드 영화가 지배하지 못하는 유일한 나라이며, D램 반도체, TFT-LCD, CDMA, 셋톱박스, 초고속 인터넷, LNG선 등을 열거하고 있었다. 역시 우리민족의 자존감과 우수한 두뇌를 소유하고 있음을 표현하고 있는 것으로 보인다.

그런데 문제는 "경제 발전 만큼이나 행복하냐?" 는 것이다.

2013년 9월9일에 유엔이 발표한 행복보고서에 의하면 세계 156개국 가운데 우리나라는 41위에 랭크되고 있는 것을 보면 경제적으로 훌륭한 인프라가 구축되었다 해도 설령 뛰어난 두뇌와 돈이 많아도 행복해지는 조건에 크게 부합되지 않은 것을 볼 수 있다.

그렇다면 지금 우리는 무엇을 회복해야 할까? 그 무엇이 현대를 살아가는 우리에게 그토록 예전에 비하면 많이 갖추었어도 행복할 수 없는 것일까?

오늘을 사는 사람들은 모두 '크다 (大 Big)' 라는 상징을 추구하는 일에 정신을 빼앗긴 듯하다. 큰 집, 비싼 차, 많은 연봉, 큰 건물, 일류 대학, 눈부신 미모…

그리고 이 큰 것을 성취한 사람에게 부러운 시선을 보내고 이를 위해서는 인격, 도덕, 양심도 묻어 주는 "힘의 논리"가 우세하고 있지만 이미 이런 것을 예견이나 한 듯 19세기에 톨스토이 는 "가난함이란 적게 가진 자가 아니라 너무 많이 욕망하는자" 라고 지적하여 말했다고 한다.

미국의 16대 대통령 링컨은 "인간은 자기가 결심한 대로 행복해 진다" 고 하였다. 즉, 평생 행복하게 살겠다는 결심을 하면 그 결심이 그로 하여금 행복하게 된다는 것이다.

여기 저기서 행복을 말하고 의례 교환하는 안부인사에는 늘상 우리는 '행복하십시오' 라고 말하는데 우리는 얼마나 행복한 마음과 머리를 갖고 있는 것인지 자문해보지 않을 수 없다.

남태평양 호주 동북쪽에 위치한 섬나라 바누아투는 국민총생산량이 3000달러 정도인 24만명의 인구를 가졌지만 행복지수는 세계1위(2006년 영국 NEF 발표)인 것을 볼 때에 행복은 마음에서 시작한다는 것을 알 수 있다.

콜럼버스가 신대륙을 향하여 배를 띄울 때만 해도 참으로 엉성한 지식밖에 없었다. 아메리카 대륙이 발견되기 30년 전에 포르투칼의 황태자 헨리가 죽었는데 그는 죽는 순간까지 바다 건너에 새로운 세계가 있음을 역설 하였지만 사람들은 황태자의 말을 과학자의 헛소리로 여겨 아무도 상대하지 않았다. 그러나 크리스토퍼 콜럼버스는 그 말을 듣고 심각하게 항해를 준비하고 있었던

것이다. 그는 드디어 배를 띄어 1492년에 신대륙을 발견하였다.

생각과 마음을 행복하게 바꾸면 행복하게 된다. 그리고 행복하게 살면 모든 것이 좋은 것으로 회복된다.

어제까지도 생각하고 싶지 않고 밝히고 싶지 않은 과거가 내 마음을 붙잡고, 또한 알고 있는 가족과 이웃의 눈길이 더하여 힘들어질 때가 설령 있다고 해도 현재의 나의 존재감과 자존감이 확실하다면 이제 '나' 라는 자신은 회복되어야 할 것이다.

"내가 남을 부러워하기 전에 남이 나를 부러워하도록 나는 나를 만들어야 한다."

많은 것을 가졌다 하더라도 뭐든지 할 수 있다 해도 내가 행복해 하지 않고, 힘들게 사는 옆집의 진정한 이웃이 되지 못한다면 나또한 행복해지지 못할 것이다.

우리의 신대륙은 어디에 있을까? 꽃은 흔들리면서 피고, 바다에 풍랑이 있기에 공기가 물속까지 스며들어 물고기가 숨을 쉬고 살아가듯이 그 풍랑이 숨을 다시 쉬게 할 것을 기대해보자!

그래서 성경에서는 "그런즉 누구든지 그리스도 안에 있으면 새로운 피조물이라 이전 것은 지나갔으니 보라 새것이 되었도다" 라고 말하고 있는 것 같다.

새로이 늘 누구에게나 아무에게나 시작되는 이 하루.

나의 존재 속에 나를 찾아보며 회복의 장을 열어가는 것이다.
'회복의 유일한 길은 다시 시작하는 것이다.'

그리고 나의 신대륙을 향한 날개를 펴서 날기를 시작하는 것이다.

불편해도 불안 해 하지 말아야

지갑에 돈이 없으면 왠지 불안해진다. 갑자기 무슨 일이 생기면 어떻게 할까 걱정되기 때문이다. 이런 현상이 우리의 삶 전체에서 나타날 때는 문제가 될 것이다. 돈이 없어서 생활에 '불편'을 느끼는 것은 당연하다. 돈이 없는 데도 아무런 불편을 느끼지 못한다면 오히려 문제일 것이다.

자칫 무책임한 사람이 될 수 있기 때문이다. 그러나 돈이 없다고 마음에 '불안'이 찾아오기 시작하면 문제가 된다는 것이다. 그것은 이미 그 마음에 돈에 노예가 되어 있고 자신도 모르는 사이에 돈을 사랑하고 있지는 않은지 생각해 봐야 될 것 같다.

성경에 나오는 사도바울은 "어떠한 형편에든지 자족하기를 배웠노니 비천에 처할 줄도 알고 풍부에 처할 줄도 알아 모든 일에 배부르며 배고픔과 풍부와 궁핍에도 일체의 비결을 배웠노라."고 말하고 있다.

돈이 없어도 불안하지 않을 수 있는 비결을 말하고 있는 것이다. 그 비결은 그리스도 안에서 참 평안을 누릴 때 비로소 물질의 자유도 얻을 수 있다고 바울은 강조하고 있다고 생각한다.

또한 "진리를 알지니 진리가 너희를 자유케 하리라." 그 자유 속에는 모든 것이 포함되어 있다고 본다. 우리가 생각하고 품고 바라고 갖고 있는 모든 것 속에 진정한 자유! 무엇이 자유롭게 할 수 있는가를 깊이 생각해봐야 할 것이다.

진정 가진 것이 많고 풍부하다고 마냥 자유 할 수 있을까? 물론 풍요롭게 갖고 있어 마음껏 베풀 수 있고 필요한 곳에 마음껏 쓸 수 있다면 금상첨화일 것이다.

요즈음 "노블리스 오블리제" 도 늘어난 추세지만 충분히 쓰고

도 남은 물질의 풍요 속에 있는 부자 중에 불안 해 하는 사람도 있다고 한다. 그것은 다름 아니라 돈은 꼭 필요한 곳에 쓰여 져야 할 것인데 쓰고 남은 돈을 나누지 않고 움켜쥐고 있으려니까 불안한 것이다.

잠시 이 세상 사는 동안 주어지는 재물을 자신과 자기 가족만을 위해 쓰지 않고 기꺼이 베풀며 나누는 사람은 가진 돈 때문에 불안해 하지 않을 것이다.

비행기를 조종할 때 무엇보다 중요한 것은 조종사에게 신중함이 필요하다고 한다. 하늘을 향해 날아오르기 위해서는 용기와 절제도 필요하다. 용기와 절제는 비행기를 띄우는 양쪽 날개에 해당 된다. 날개가 없으면 비행기는 추락하게 된다. 용기와 절제로 균형을 잡지 않으면 결국 비행에 성공할 수 없는 것처럼 물질에 절제가 안 될때도 불안할 수 있는 것이다.

"인디언들이 기우제를 지내면 반드시 비가 온다고 한다". 그 비결이 무엇인가 하면 그들은 비가 올 때까지 기우제를 지내기 때문이다. 우리는 지금 무엇을 준비하고 있는가? 불편하지 않게 살기 위해서 그리고 불안해지지 않기 위해서 끝까지 최선을 다하는 것이야 말로 불편해도 불안하지 않는 방법이라는 것을 알 수 있다. 불편은 스스로 만들고 불안도 자신이 키우는 것이다.

1928년 암스테르담 올림픽에서 프랑스 펜싱 선수 '고댕'은 금메달을 놓고 이탈리아 선수와 불꽃 튀는 대결로 관중은 숨을 죽여 가며 지켜보고 있을 때 갑자기 심판이 경기를 중단시켰다. 그는 이탈리아 선수가 득점 했다고 판정한 것이다. 관중들이 웅성대기 시작했다. 심판들의 이견이 모아지고 주심이 선언했다.

"득점 없음!"

관중들은 안도의 한숨을 내쉬었다. 그 때 프랑스 선수가 마스크를 벗더니 칼끝을 세우고 심판들 앞에 나서서 큰 소리로 말했다.

"제가 스쳤습니다. 이탈리아 선수의 득점입니다!"

심판들은 프랑스 선수에게 유리한 판정을 내렸지만, 그는 오점이 있는 금메달보다 진실이 더 중요했던 것이다.

이처럼 지갑에 돈이 없어 불안해도 풍부하게 물질이 차고 넘쳐도 진실이 결여된 풍부와 진실이 없는 자유는 결코 모순임을 깨닫고 과감하게 실천하는 용기가 필요하다.

사실 우리가 가진 집도 차도 심지어 자녀 까지도 잠시 살아가는 동안의 관리자일 뿐인데 우리는 마치 모든 것이 내 것인 것처럼 착각하며 살아가고 있지 않은 지…

이제 불편해도 불안 해 하지 않는 비결은 진실이 마음 안에 둥지를 틀고 진정한 자유를 누리는 것이다. 그것이 나를 위한 평안을 유지하고 마음의 평정을 유지하는 방법이 될 것이다.

가장 소중한 만남

페르시아에 이런 이야기가 전해오고 있다고 한다. 어떤 사람이 여행 중에 점토를 발견했다. 그런데 그 흙덩이 속에는 아주 좋은 향기가 풍겼다. 이상하게 생각한 여행객이 물었다.

"아니 흙에서 어떻게 이런 좋은 향기가 날수 있나요? 흙덩이가 대답했다. 내가 장미꽃과 함께 있었기 때문이지요".

우리의 삶도 누구를 만나는가에 따라 향기를 풍길 수도, 썩은 냄새를 풍길 수도 있다. 우리의 삶은 만남 속에서 이루어진다. 세상에 태어나면서 부모를 만나고 자라면서 친구를 만나고 성숙해 간다. 또 사랑하는 사람을 만난다. 결국 우리는 누구를 만나느냐에 따라 행복할 수도 불행 할 수도 있다. 좋은 사람을 만날 때 공허한 인생을 허락하지 않아도 우리의 삶을 아름답게 만들어 주고 편견의 벽을 무너뜨릴 수 있게 됨을 알 수 있다. 그처럼 소중한 사람이 있다는 것이 행복인 것처럼 소중한 만남은 아름다움과 즐거움이고 라일락 향기와 같은 그리움이고, 바라볼수록 더 생각나게 하는 설레임 이다. 이것은 사랑한다는 말 한 마디 보다 더 빛나는 믿음이라고 말할 수 있을 것이다.

만약 어떤 남편의 스마트폰 주소록에 '소중한 아내' 단축번호 1번으로 지정되어 있는 것이 자신의 번호임을 발견하는 순간 그 부인은 남편의 마음을 깊이 이해하며 자신을 소중하게 생각하고 있음에 행복해 할 뿐만 아니라 그 아내 역시 그의 스마트폰에 '사랑하는 남편'이라고 바로 저장해 놓을 것이다. 그리고 그들은 이 세상에서 살아갈 동안 마음껏 나누며 서로를 존경하며 소중하게 여기며 살아갈 것이다.

이 세상의 모든 부부가 행복하기를 간절히 기원한다. 그 사랑의 힘으로 약한 자, 혼자 있는 자, 도움이 필요한 자에게 한 발자국 다가가서 손 내밀며 살아가면 좋겠다.

그러나 이 세상에서 가장 중요한 만남이 있다. 그것은 우리를 지으신 하나님과 인간과의 만남이다!

백향목은 소나무 과에 속하는 상록수로 향기가 좋고 단단하여 쉽게 변형되지 않아 최상급 건축자재로 쓰이는 뿌리 깊은 나무로 그 크기가 보통 30미터 이상이다. 그 몸집을 지탱하기 위해 땅속 깊이 뿌리를 박는데, 뿌리는 비록 겉으로 보이지는 않지만 뿌리를 통해 나무에 생명이 공급된다. 그래서 뿌리가 깊은 나무는 튼튼하고 생명력이 넘치듯 하나님과의 관계 만큼은 뿌리 깊은 믿음이 있어야만 할 것이다. 저 하늘과 초록의 대지, 그리고 그 안에 살아있는 그 어느 숨결보다도 절대자인 하나님과 우리의 만남은 지속되어야만 한다.

행복은 문을 두드리며 밖에서 찾아오는 것이 아니라 마음 안에 꽃향기처럼 피어나는 그 분과의 만남을 통해서 심장의 박동소리를 들을 수 있는 것이 가장 소중한 만남이라고 생각한다.

단 1초라도 지구에 홀로 떨어져서 살 수 없는 인생, 인생은 어찌 보면 매일 일엽편주로 바다 위를 항해 하는 것과 같다.

그 바다는 불안정한 상징으로 표현할 수 있는데 때로는 배의 전문가인 항해사도 풍랑을 만난다. 이것은 인간의 한계를 보여주는 것이고 인생은 경험이나 전문성을 가지고만 사는 것이 아님을 증명한 셈이다.

미국 샌프란시스코의 금문교가 세워질 때 많은 중국인 노동자들이 사고를 당해 하루에 다섯명이 죽는 날도 있었다고 한다. 이 때 노동자들이 일하기를 거부했다. 그러자 사고를 방지하기 위해 공사장 밑에다 그물을 쳐놓았다. 그런데 그물을 쳐 놓은 후부터는 한 건의 사고도 발생하지 않았다는 것이다.

두려운 마음이 오히려 사고를 만들어 낸 것이다.

누구나 우리 인간은 약한 존재다. 오늘도 무슨 풍랑이 일어 두렵고 떨릴지 모른다. 우리는 그 풍랑이 일어도 하나님과 함께 동행 하면 풍랑이 오히려 축복이 될 수 있다. 이제 소중한 만남은 더욱 분명해졌다.

소리 없이 그 분의 말씀에 귀 기울여 기쁨으로 백향목 처럼 뿌리를 내려 향기를 풍기자. 오늘도 좋은 사람과 좋은 장소와 좋은 때를 만나 아름다운 열매를 풍성하게 맺는 계절이 되기를 소망하며 우리 모두 인생에서 가장 소중한 만남이 꼭 이루어지는 이 가을이 되기를 소망한다.

똘레랑스와 인테그러티

우리 사회의 정서는 대부분 자기와 상대방의 의견이 대립되면 배척하고 백안시하는 경향으로 치닫는다. 내 주장이 관철되지 않으면 상대를 폄하하거나 비방하고 자기주장이 옳다는 것을 각인시키는 독선이 비일 비재하다. 그러나 우리의 삶의 다양한 모습과 방법이 차이가 있기 때문에 생각과 주장이 다를 수밖에 없다.

어느 글에 실린 것처럼 프랑스어인 똘레랑스 사회에 사는 프랑스인들이 말하고 있는 거리에 아무 곳이나 쓰레기를 버리는 사람이 있어야 줍는 것을 업으로 하는 사람이 실업자가 되지 않는다고 말하는 이들이 똘레랑스 사회의 일면과는 사뭇 반대되는 견해이다.

'똘레랑스(Tolerance)' 라고 하는 프랑스어로 다른 사람의 생각과 행동 그리고 취향이 다를 수 있음을 인정하거나 존중하는 것이 본래의 원뜻 이라면 여기서는 특별한 상황에서 허용 되는 자유를 말하면서 좀 더 폭넓게 다뤄보고자 한다.

첫 단계가 똘레랑스 의 시각에서 보면 남에게 피해를 끼치지 않는 한 "그럴 수도 있다"고 생각하는 것이다

제한속도 100킬로 고속도로 상에서 110킬로로 달리다가 속도위반 카메라에 찍혔다면 과연 똘레랑스가 적용되어 위반에 제외될지 모르겠다.

관용이란 원래 너그럽게 받아들이거나 용서함을 나타내는 말의 의미를 넘어 일반적으로 남의 생각과 행동, 취향이 나와 다를 수 있음을 인정하는 의미로 널리 쓰이는 말이다.

나무와 나무 사이에는 적당한 거리가 필요하다. 너무 가까이 붙어 있으면 한정된 영양분을 나눠 먹어야 하기에 튼실하게 자랄 수 없고 고슴도치와 고슴도치 사이엔 적당한 거리가 필요하다. 너무 가까이 붙어 있으면 뾰족한 가시 때문에 서로에게 상처를 줄 수 있기 때문이다.

사람도 마찬가지다. 서로 그리워 할 만큼의 거리, 서로 이해할 수 있을 만큼의 거리, 서로 소유하지 않고 자유를 줄 수 있는 거리, 서로 불신하지 않고 신뢰할 수 있는 거리, 서로 양보할 수 있는 거리, 그리고 서로 관용할 수 있는 거리. 즉, 똘레랑스의 거리를 유지한다면 우리의 삶의 질은 더 부드러워지고 윤택해질 뿐만 아니라 오랫동안 지속될 수 있다고 생각한다.

요즘 매스컴에서 연일 도덕심을 벗어난 범죄현장을 보면 양심과 윤리는 바닥에 떨어져 탐심과 욕심에 사로잡혀 도덕심을 잃어

버린채 아무렇지도 않은듯 살아가고 있는 것이 현실이다.

오늘날 인간이 누릴 수 있는 지식과 교육을 받고 최고의 문명시대에 살고 있지만 양심이 허용되는 자유가 너무나 왜곡되어 있음이 한탄스럽다.

핵발전소뿐만 아니라 건물을 짓는데도, 항공기를 만드는데도 양심이 필수다. 인간의 탐욕과 비윤리적인 행동과 비양심적인 처사가 얼마나 극에 달해 무서운 세상이 되어버렸는지 짐승보다 못한 부모나 자녀가 등장하는 세상이 되어버렸다. 빠른 속도로 전자산업(IT)과 스마트폰이 세상을 지배하고 있다. 이제는 속도전과 같은 신속함이 병합되어야 온라인(ON-LINE) 공간과 친밀함을 유지하는 것처럼 우리는 관용과 배려인 똘레랑스에 신속히 친숙해져야 인간의 도덕심은 무너지지 않는다는 것을 인식했으면 좋겠다.

도산 안창호는 “우리나라를 망친 원수가 누구냐? 거짓이다. 내 죽어도 거짓말을 아니하리라”고 단호하게 외치며 나 하나 건전한 인격을 만드는 것이 우리 민족을 건전하게 하는 유일한 길이라고 했다.

인테그러티(integrity-진실성,온전함)라는 말에는 거짓이 없이 투명하며 성실하고 모나지 않고 잘난 척하지 않으며 겸손한 자세로 살아가는 본이 되는 삶을 살아가는 짧지만 의미심장한 뜻을 지니고 있다. 결국 이 인테그러티 의 바탕에 똘레랑스 를 접목한다면 금상첨화가 아닐까 생각해 본다.

성경은 “인생 사용설명서”이다. 거기에는 십계명이 기록 되어 있는데 성경의 십계명을 온전히 지키며 살아가는 이는 지구상에 단 한 사람도 없다. 그러기에 하나님은 인간을 배려하고 관용하며 용서하는 가장 위대한 똘레랑스 의 주인공이라 생각한다. 이것이 하나님의 독특하고 특별한 똘레랑스다.

심지어 넓게는 우리 인생 자체가 똘레랑스 라고 말하고 싶다. 왜냐하면 우리는 그 누군가에게서 용서를 받았기 때문에 지금의 내가 존재하고 있고 또 그렇게 반복된 배려와 용서가 필요하기 때문이다.

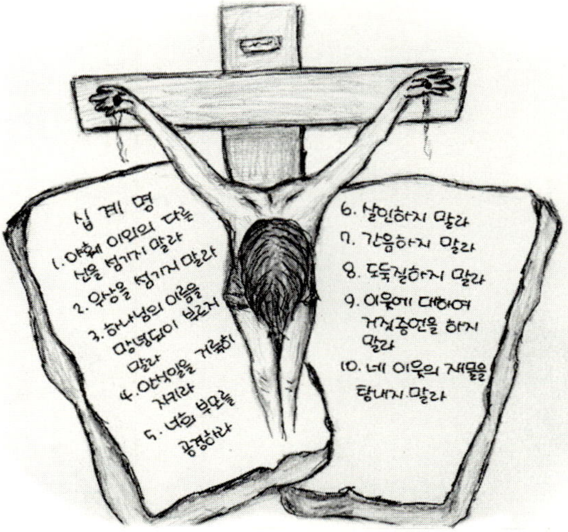

우리가 살아가는 이 사회는 한 배를 함께 타고 가는 공동체 항해자 집단이다. 그러나 우리의 배는 약하고 바다는 넓다. 하지만 키를 잡고 평화의 해변으로 나아가 조용한 항구에 이르는 길에서 인테그러티요 똘레랑스의 역할 여부 또한 우리 각자의 몫이 될 것이다.

성공의 길은 아직 열려 있다

올림픽 경기에서 금메달을 목에 건 선수들을 보면 부럽기도 하고 대단하다는 생각이 든다. 그 금메달을 얻기 위해서 있는 힘을 다해 경기를 한 것이나 또 금메달을 따기 위해 뼈를 깎는 듯한 훈련을 생각한다면 충분히 금메달을 목에 걸 자격이 있다고 생각한다. 그래서 메달을 딴 사람은 메달 자체 때문만이 아니라 그것을 위해서 계속 노력해 온 점을 인정해주어야 할 것이다.

인생에서 성공이나 직장의 승진도 비슷한 것 같다. 운이 좋아서 남보다 별로 수고한 것도 없는 것 같고 쉽게 성공하는 것처럼 보이는 사람도 있겠지만 대부분의 성공한 사람들 대다수의 삶을 돌아보면 반드시 성공의 요인이 있다.

그들은 대개 정확한 목표를 세웠고 그 목표를 이루기 위해서 부단히 노력하였으며 그 과정에서 자신에 대한 절제와 훈련을 게

을리 하지 않았음을 알 수 있다.

만약 아직 성공을 바라보고 있는 경우에 서 있다면 누구든지 현재의 결과에 그것이 끝이 아니고 시작일 수 있다고 보기 때문에 조금 앞서 성공한 사람들을 보면서 그들로 부터 배울 점을 놓치지 않겠다는 다짐을 해보는 것이 좋겠다.

더 중요한 것은 우리 인생길에서 어떤 성공이 진정한 성공이고 무엇이 우리를 성공으로 이끌고 만들어가고 있는 것일까 하는 점이다.

지금까지 노벨상을 가장 많이 받은 민족은 유태인이다. 세계에서 제일 우수한 석학, 비범한 예술가, 엄청난 부호들이 많다. 그리고 20세기를 주도한 최고의 지성 21명 중 15명이 유태인이고 할리우드의 걸출한 영화감독과 스타의 대부분이 유태인이며, 미국 내 최고 부자 40명 중 절반이 유태인 이라고 한다.

이처럼 그들은 전 부문에 걸쳐 세계적으로 두각을 나타내고 있다.

그들의 성공의 비결은 "쉐마"라는 단어 속에 숨어 있는 것 같다. 그들이 매일 두 번씩 암송해야 하는 "마음을 다하여" "목숨을 다하여" "힘을 다하여" 임하는 자세에 유태인의 성공의 비밀이 숨겨져 있다고 한다. 여기에서 나는 "정성을 다하여"라는 단어를 추가하고 싶다.

끝까지 정성을 다해 포기하지 않고 달려가는 집념과 인내가 결국 성공을 이끌어 내고 아무리 작은 성공도 인내와 노력과 열정이 없이는 이루어 질 수 없을 것이다.

가장 최고의 성공은 지금 내가 달려갈 길을 포기하지 않고 끊임없이 꿈꾸는 자만이 차지 하리라고 본다. 우리의 성공의 길은 아직은 언제나 열려 있기에…

사도바울은 "내가 선한 싸움을 싸우고 나의 달려갈 길을 마치고 믿음을 지켰으니 이제 후로는 나를 위하여 의의 면류관이 예비되었으므로 주 곧 의로우신 재판장이 그날에 내게 주실 것이라 내게만 아니라 주의 나타나심을 사모하는 모든 자 에게니라" 라고 말하고 있다.

이 땅의 삶을 다 한 후에 주어진 의의 면류관이 예비 된 이상 더 이상의 성공을 바랄 것이 없지 않은가! 누구든지 그러한 삶이 되기를 바라고 인류의 구원을 위한 예수 그리스도는 그렇게도 힘든 십자가를 짊어 졌지만 수많은 사람들은 언제나 이렇게 열려있는 성공과 무관하게 살아가고 있음에 마음 아프다.

십자가는 마이너스(−)가 아니라, 플러스(+)이다.

영어의 플러스는 Positive 즉 궁극적인, 적극적인, 실용적인, 양성의... 라는 뜻을 지니고 있다. 이는 십자가를 통해서 성공의 기회를 늘 지니고 살아갈 수 있을 뿐만 아니라 성공을 부르는 패러다임이라고 설명하고 싶다.

어느 날 발명왕 에디슨의 실험실이 완전히 불에 타 버렸다.

다음 날 아침 에디슨은 폐허가 된 실험실을 바라보며 "재난도 가치가 있지 내 실수가 다 타버렸으니까… 하나님 제가 다시 시작할 수 있게 해주셔서 정말 감사합니다." 라고 말했다고 한다. 화재가 나고 3주 후 에디슨은 세계 최초의 축음기를 세상에 내 놓았다.

진정한 성공은 자신만의 선한 싸움을 기꺼이 싸우고 계속 멈추지 않고 유지하는 것이다. 비록 우리 인생이 우선멈춤 신호등에 잠시 머무를 지라도 플러스(+)를 가슴에 품을 때 성공의 길은 아직 열려 있다고 본다.

인생은 마라톤이다

한 자루의 초에는 혼자 꿈꾸는 이의 모습처럼 머리에 불꽃이 위를 향해 타오르고 촛농은 아래로 흘러내린다. 떨어지는 촛농에는 시간이 녹아 있다. 쌓이고 쌓이는 시간이 모여 시간을 태우고 있다.

마라토너가 뛰기를 시작하면 숨 막히는 공기와 강렬하게 내리쬐는 뙤약볕, 입술은 마르고 머릿속은 텅 비어 마침내 다리의 감각도 없어져 30킬로미터 지점에 이르면 머릿속을 잠시 스치는 생각이 있다고 한다.

축구선수처럼 교체선수도 없고 심판이 함께 뛰는 것도 아닌데 너무 힘들다.

"아 지금 나는 사람이 아니구나"

마라톤을 하는 사람치고 그 극한의 지점을 달릴 때 "내가 미치지 않았나?"하는 생각을 해보지 않은 사람이 거의 없다고 한다.

인생이 그렇듯 혹독한 훈련 없이 목표를 이루기는 어려운 일이다. 노력하고 고통을 감내해야 내가 원하는 목표에 도달할 수 있음을 너무나 잘 알고 있다. 그래서 주어진 순간순간에 최선을 다하는 것이다. 인생은 마라톤이다.

장거리를 달려야 하는 마라톤은 무엇보다 페이스를 잃지 않는 것이 중요할 것이다. 지금 우리나라 뿐만 아니라 전 세계가 월드컵 축구의 열기가 고조되고 있다. 관중들은 축구를 즐기지만 선수들은 피와 땀을 쏟아내는 플레이를 펼친다. 그 경기를 위해 그동안 얼마나 힘든 훈련을 해 왔는가는 온 국민이 다 알지만, 그런데도 불구하고 일전에 가나와 경기에서 정신없이 골을 먹어야만 했다. 골을 허용하고 난 뒤 우리가 한 골이라도 넣어주기를 간절히 바랐지만 먹고 또 먹고... 결국 3 : 0이라는 스코어가 우리를 실망하게 했다.

이렇듯 우리 인생도 열심히 한다고 하지만 결과가 좋지 않을 때가 더러 있음을 알 수 있다. 물론 조직력도 중요하고 개인기도 필요하다. 하지만 정작 우리가 할 수 있는 데는 한계가 있다는 말이다.

마라톤과 같은 우리 인생에서 끊임없는 한계에 부딪칠 때마다 우리는 자신을 돌아 볼 수 있는 지혜가 생긴다. 어쩌면 결승선을 향해 뛰는 지친 선수처럼 온통 머릿속이 텅 빈 상태 일지라도 조금만 참자! 조금만 참자! 라고 다짐할 것이다.

나는 인생을 마라톤이라 생각하면서 열심히 뛰었다. 하지만 그

한계에 부딪칠 때 우리는 누구를 의지해야 하는가는 각자의 몫이라는 것을 알게 되었다.

피겨 여왕이라는 찬사를 받은 김연아 선수의 밴쿠버 동계 올림픽 쇼트 프로그램 연기 장면을 기억할 것이다.

앞서 연기한 라이벌 아사다 마오가 고득점을 기록해 엄청난 부담감에 기가 죽을 법도 했지만 그녀는 침착했다. 평소에 즐기던 데로 경기에 임한 것이다. 결과는 역대 최고 점수로 금메달을 목에 걸었다. 실력도 실력이지만 끝까지 최선을 다해 침착성을 잃지 않은 결과가 어떤 위기도 극복할 수 있음을 알게 해 주었다.

그렇다! 건강도 유지가 필요하다. 누구나 병에 걸리면 진작에 건강을 챙길걸 하며 후회하게 된다. 건강에 대해서는 정작 챙겨오지 못한 것이 후회가 된다는 것이다.

마라톤에서 월계관을 쓰는 일은 가장 먼저 건강해야 가능하다는 사실을 깨닫게 된다.

언젠가 지인으로 부터 들은 말인데 청년 때부터 자동차 정비공장에서 망치로 뒤통수를 맞아가면서 판금 일을 배워왔다고 한다. 3D업종의 열악한 환경 속에서 힘들고 어려워 몇 번이라도 포기하고 싶을 때마다 "인생은 마라톤"이라고 믿고 끝까지 최선을 다하자고 스스로를 다짐하고 노력한 끝에 이제는 꽤 큰 규모의 자동차 정비공장을 차려 이제 살만하니까 췌장암(癌)이라는 불청객이 찾아와 병원 신세를 지게 되었다. 열심히 살았다고 스스로를 자화자찬할 시기에 죽음의 그림자가 눈앞에 다가와 있는 것이다.

마라톤은 장거리 경주다. 단거리를 뛴다고 한다면 마라톤이라 할 수 없을 것이다. 그래서 길고 멀리 바라보며 경기에 임해야 한다. 그러기 위해서는 지치지 말아야 한다. 결국 자기 페이스를 유지하는 것이며, 건강은 이를 위한 필수조건이다.

어떻게 보면 인간처럼 나약한 존재가 또 있을까? 인생의 마라톤을 위해 자신의 건강을 다시 한 번 체크해야 함을 세삼 깨닫게 된다. 이것이야 말로 단 한 번의 인생의 마라톤을 완주하는 지름길이라는 것도 기억해 두어야 할 것이다.

믿음의 행복

충청북도 옥천에서의 생활이 이번 달 들어서부터 하루가 지나갈수록 아쉬움이 쌓여가는 느낌이다.

그것은 작년 초에 부임해 왔을 때만 해도 그저 낯설기만 한 곳이었는데 어느새 2년 임기가 다 되어 이제는 다른 곳으로 발령을 받아 떠나야만 하는 시간이 다가오고 있음을 알기 때문에 아쉬움이 앞선다. 옛말에 정든 것도 죄인양… 무엇때문에 정은 들어서…

이제 어떻게 고향도 아니고 딱히 연고도 없는 이곳이 좋아 이곳과 가까운 인근 사업소로 옮길 것도 아니다.

이 고장 사람들은 터전 삼아 살고 있는 이 곳을 생명의 땅 축복의 땅으로 보고 있는 이 지역을 떠나려고 마음먹고 있기에 더욱 그런 것 같다.

이제 다음 달이면 매일 함께했던 직원들은 말할 것 없고 매달

모임때 마다 인사를 나누던 이 지역 여러 기관장과도 정이 들었는데 헤어져야 한다.

이제 기관장 모임을 한차례 남긴 지금 다음 달에는 석별의 인사를 나눠야 하는 시점에 그냥 돌아오기가 섭섭해 이왕 기관단체장 모임이고 보니 각 기관마다 공지사항을 나누는 소통을 위한 자리인 것이다.

유난히도 더웠던 올해 여름철 못지않게 겨울철의 전기절약을 화두로 꺼내며 내친김에 행복하게 살자는 건배로 나의 속마음을 살짝 내비쳤다. 오찬을 마친 후 함께 한 옥천의 한 기관에 들려 이런저런 대화를 나누게 되었다. 이제 대부분 쉰을 넘겼으니 노후를 대비해야 한다는 자연스러운 대화가 오가며 오찬 때 주고 받았던 건배사 화두가 다시 재연되었다.

그럼 무엇이 행복인가. 행복을 말하기 전에 오늘 옥천기관장 모임에 처음으로 함께한 분의 건강을 위한 건배사도 있었는데 건강도 행복도 다 좋은데 그럼 건강 하게만 살면 다 될 것인가?

그러면 행복 하기만 한단 말인가.

사람은 사랑의 대상이지 믿음의 대상은 아니라고 한다. 그러나 우리는 어려서는 부모의 말씀은 뭐든지 믿었고, 자라면서는 친구를 믿고, 선생님을 믿고 좀 더 자라면서는 자신을 믿고 있는 것 같다. 그만큼 머리가 커지면서는 신뢰를 안하는 건지 믿을수가 없는건지. 정말 어느날 힘들어도 누굴 붙잡고 얘기 나눌만한 사람을 곁에 어디서도 쉽게 찾을 수가 없는데 그럼에도 불구하고 행복하다고만 말할 것인가!

그럼 퇴직 후, 일할 수 없는 나이가 되어도 연금이든 두둑해진 예금통장이 있으면 행복해지느냐 하는 것이다. 그럴 수 있다면 더욱 좋겠지만 그 역시도 준비 안 된 사람이 더 많아서 퇴직이 가까워오면 또 집안에 대소사가 겹치기라도 할 때면 내심 걱정이고 한평생 성실하게 살아왔다 해도 이제 건강이 발목을 잡을거고, 걸음이 늘어지고 머리는 백발이 성성하게 될 것이다.

그렇다면 어떤 말을 해도 무슨 일을 저질렀다고 해도 믿어줄 가족이든 친구이든 한사람만 내 곁에 내 생명이 끝나도록 곁에서 보호해주고 지켜줄 의리 있는 한 사람이 있으면 행복할 것인가?

복음성가 가사 말처럼 "혹여 내가 세운 계획이 빗나갈 수 있으며 나의 희망 덧없이 스러질 수 있고 어두운 밤 어둠이 깊어 날이 다시는 밝지 않을 것 같아 보이는 날이 원하지 않게 찾아온다면" 그래도 행복하기만 할 것인가?

그도 그렇듯이 웬만큼 세상을 살았다면 믿고 의지할 수 있는 사람 한 명 쯤은 있을 것이다. 그렇다고 언제나 행복과 신뢰가 보장되는가?

그렇다면 또 그 후 삶을 마치고 누구든지 맞게 될 사후에 영원한 세계의 행복은 무엇으로 어떻게 보장된다는 말인지?

잠깐 살아가는 광야 같은 이 세상 나그네 세월의 한 날!

이 땅에서는 끝까지 믿어주고 지켜줄 한 명이 필요하다지만 지금은 우리가 알 수도 볼 수 없는것 너무 많지만 이 세상 삶의 안개가 걷히고 하나님 지으신 세계의 빛이 뚜렷이 보일 때 가야 할 길을 알고 내 신앙 부여잡고 하나님 믿음 갖고 믿음 안에 나아갈 때 진정한 행복이 있음을 확실히 알기에 믿음의 행복을 오늘도 가슴에 품으며 진정한 행복감에 주님 계신 천국을 사모해 본다.

그분은 한 번도 실수하지 않으시기 때문이다.

인생의 내비게이션

요즘 남성들 간에 세 여자의 말을 잘 들어야 한다는 말이 널리 쓰이고 있다고 한다.

첫 번째는 어머니 말을 잘 들어야 하고 두 번째는 부인 말을 잘 들어야 하며, 세 번째는 내비게이션 에서 흘러나오는 예쁜 여성의 목소리를 잘 들어야 한다고 한다. 그 중에서 세 번째가 첫째 둘째 못지않게 중요하다. 아는 길도 내비게이션의 목적지를 설정하면 가장 가까운 길로 짧은 시간에 안내해 주고 모르는 길은 반드시 안내가 필요하기 때문이다.

이처럼 우리 인생에도 길 도우미라 불리는 내비게이션이 있을 것이다. 시작도 끝도 모르는 광야로 떠나야 하는 각자의 위대한 여정의 인생이라는 길에서 뜻밖에 만나 홀로 걸어야 할 오솔길을 인도해줄 내비게이션은 무엇일까?

삶은 늘 불확실성 시대 속에서 어려운 방정식을 풀어가는 듯한 미지의 세계 속에 우뚝 서 있는 듯하다. 경제적으로 예측불허의 시대를 살고 있으며 어느 때 어느 곳은 순식간에 발밑의 땅이 갈라져 절벽 아래로 떨어질 수도 있는 위기의 순간을 맞이할 수도 있다.

때로는 소용돌이치는 바다로 빠져 거센 물살과 차갑고 어두운 파도 속으로 가라앉을 수도 있다고 생각한다. 심지어 개인적인 생활에서 필요한 물질을 얻을 수도 없고 노력만으로 원하는 것을 얻어낸다는 보장도 없다. 그래서 우리는 좀 더 안전하게 머무를 수 있는 피난처를 찾기 위해 안간힘을 쓰게 된다.

우리 자신을 보호하기 위해 쌓은 벽이 두꺼우면 두꺼울수록 우리는 더 많은 장애물과 맞닥뜨릴 뿐이다. 여기에는 성공도 명예도 부도 어찌할 수 없는 노릇이다.

우리는 사실 어떤 사람인지, 무엇을 하는 사람인지를 놓고 서로를 평가하고 궁극적으로 자신도 평가한다. 하지만 우리 인생 살아가는 삶속에 무엇이 길이고 진리인지, 어떤 것이 바른 평가이며 삶의 바른 목표와 방향이 맞는지 진지하게 생각해 봐야 할 것이다.

우리가 저마다 둥지를 틀고 살아가고 있는 주소지가 있는 것처럼 "삶의 목적지"가 있는 것이다. 그 목적지의 주소는 자동차나 노트북 그리고 드럼세탁기에만 사용설명서가 있는 것이 아니라, 인생에도 "인생 사용설명서"라고 할 수 있는 "인생 네비게이션"이 있는데, 그것은 세계적으로 베스트셀러이자 스테디셀러(steady seller)인 "성경(Bible)"이라고 말하고 싶다.

우리의 기억을 채우고 우리의 마음을 지배하고 우리의 발길을 인도하는 인생길 도우미 이다.

성경은 인간의 최고의 책임을 말해주고 최대의 수고를 갚아준다. 인간의 행복이 성경의 계획일 뿐만 아니라 하나님의 영광이 성경의 목적이다.

잠언에 보면 "사람이 마음으로 자기의 길을 계획할지라도 그의 걸음을 인도하시는 이는 여호와시라"고 기록되어 있고 시편기자는 또한 우리 인생을 "그가 나를 푸른 초장에 누이시며 쉴만한 물가로 인도하시는도다"라고 노래하고 있다.

사람들은 자기의 길과 삶의 목표와 방향 등을 나름대로 구상하고 당연 그렇게 해야 하는 것이 마땅하다고 생각한다. 그러나 정녕 걸음을 인도하시는 이는 모든 일을 섭리하시고 낱낱이 알고 있는 우리 인생의 가장 확실한 안내자요 내비게이션에 우리의 방향을 맞추어야 할 것이다. 그 분이 인도하시는 대로 살아갔으면 좋겠다.

남아메리카의 강에 사는 육식어 '피라니아'를 수조에 넣고 실험을 했다. 피라니아가 먹이를 받아먹기 위해 수조 한쪽 끝으로 몰렸을 때, 수조의 한가운데를 투명한 유리판으로 막는다. 이 때문에 먹이를 먹고 반대쪽으로 헤엄쳐 가려던 피라니아는 투명한 유리판에 부딪혀 더 이상 앞으로 나아가지 못한다. 끊임없이 돌진하지만 번번이 고통만을 얻게 되었고 시간이 흐르면서 그들은 차츰 환경에 적응하게 되고, 점차 유리판을 치워버려도 피라니아는 그곳까지가 끝이라고 알고 있다. 만약 그들이 말을 할 줄 안다면 이렇게 외칠지도 모른다.

"여기가 끝이야, 나는 여기서 더 갈 필요 없어! 더 갈 수도 없어! 이렇게 사는 것이 내 길이고 여기 보이는 세상이 끝이야! "

수조 속 피라니아 로 살 것인가, 수조 반대편의 자유로운 강물 속 피라니아로 살 것인가는 각자의 몫인 것처럼,

우리 인생의 네비게이션의 목적지를 어디로 설정할 것인가에 따라 인생의 참 자유를 얻을 수 있다고 확신한다.

이 또한 지나가리라

인생은 지나가는 것이다. 그리운 사람에 대한 달콤한 추억도, 슬픈 이별도 다 지나간다. 아침이면 새롭게 피어나는 꽃처럼 다시 힘차게 일어날 수 있는 것은 우리의 삶이 시간의 흐름에 따라 지나가기 때문이다.

그러기에 날이 갈수록 커져가는 그리움도 어김없이 지나간다. 내 가슴을 철렁이게 할 단 한사람, 내 존재 깊은 곳을 떨게 하는 이 지구상에 단 하나만이 존재하는 그 사람 또한 지나가고 만다.

육체가 정신을 이길 수 있을까, 진심이 편견을 이길 수 있을까, 의지가 우리의 환경을 이길 수 있을까? 이 또한 가슴에 담고 싶지만 정신, 편견, 환경도 매몰차게 시간 따라 지나간다.

몇해전 쓰나미 가 느닷없이 한 마을을 쓸어버렸다. 인간이 아무리 과학의 힘과 초능력을 내세울지라도 자연 앞에서는 종이 한

장 훅 불면 날아가듯 그렇게 허무하게 주저앉고 말았다. 그 곳 뿐만 아니다.

재앙은 세계 도처에서 우는(포효하는) 사자와 같이 삼킬 자를 찾고 있다.

산에 비가 내린다. 빗물이 땅속 깊이 스며들어 계곡을 따라 흘러 강이 되어 평야를 적시고 바다로 흘러가듯 인생도 강물이 되어 흘러가고 매몰차게 지나간다.

그러나 희망은 '가까운 곳'과 '멀지 않은 곳'의 사이, '무한'과 '유한'의 사이에 머무르고 있다. 그것은 보지 않는 것을 믿는 것이며, 보이지 않는 것을 보는 것이며, 진실로 믿으며 사는 것이다.

'현재'와 '아직'의 사이에는 묘한 긴장감이 돌고 있어 주저하는 사이 인생은 왕복표를 발행하지 않기에 일단 떠나면 다시는 돌아오지 못한다. 그럼에도 불구하고 많은 사람들은 항상 다 아는 것처럼 자신의 길을 떠나고 있는 것 같다.

헤밍웨이의 '킬리만자로의 눈'에서 돈 많은 여자와 결혼한 주인공은 아내와 사파리(safari)여행을 하던 중, 그만 괴저병에 걸리고 만다. 온몸에 퍼진 병균으로 그의 다리는 서서히 마비가 되면서 그렇게 아름다운 킬리만자로의 산 아래서 천천히 죽어가게 되었다. 하늘에는 흉측한 독수리가 원을 그리며 그의 죽음을 기다리고 있는 듯 했다. 침대에 누워 마지막 가쁜 숨이 차오르기를 기다리던 주인공은 잠시 자신의 과거를 회상한다. 뛰어난 재능 덕분에 그는 상류사회에서 쾌락에 안주해 왔지만 이제 그의 열정과 욕망은 서서히 고갈되어 어둠의 시간만이 다가오고 있었다.

우리는 인생의 길을 떠나기 위해서 미리 준비해야 할 필요가 있다. 자신과 사랑하는 사람을 불필요한 위험에 빠뜨리지 않을 만큼 신중해야 하고, 할 수 있는 기회가 있을 때 해야 할 것을 잘 결정해야 할 것이다.

그 끝없이 펼쳐질 작은 인생의 항해 계획을 치밀하게 짜야 한다. 필요한 필수품을 준비하여 거센 폭풍우가 몰아치는 바다 한가운데에 갇혀 꼼짝 못하고 있을 때를 대비해야 할 것이다. 왜냐하면 인생이 속히 지나가기 때문이다. 그 책임 또한 자신이 져야 할 것이다!

온갖 부귀와 영화를 누리고 살았던 성경속의 인물 중 솔로몬이 쓴 전도서에 보면 '너는 청년의 때에 너의 창조주를 기억하라 곧 곤고한 날이 이르기 전에, 나는 아무 낙이 없다고 할 해들이 가깝기 전에… 흙은 여전히 땅으로 돌아가고 영은 하나님께로 돌아가기 전에 기억하라'고 말하고 있다.

흙에서 왔다가 흙으로 돌아가는 인생, 영(靈)은 창조주인 하나님 앞에 가서 심판받아야 하는 인생임을 한 순간도 잊지 않고 기억하며 겸손히 나아가야 하리라.

찬란한 저 태양도, 때로는 막막한 어둠의 터널에 홀로 갇혀 햇볕을 기대하기 힘든 순간도, 내 힘으로 어느것 하나 어찌 할 수 없는 처지일지라도 이 또한 다 지나가는 것이다.

셰익스피어는 "자갈 덮인 해안을 향해 파도가 이는 것처럼 시간은 끝을 향해 빠르게 흘러간다"고 시간의 유한성에 대해 말하였다.

세네카는 "우리에게 삶을 허용하는 시간은 매순간 줄어 들고 있다"고 언급했다.

우리 인생은 시한부의 삶을 살아가고 있는 것이다. 우리의 영혼이 몸과 언제 이별하게 될 지, 모르는 우리에게 주어진 시간이 너무나 짧은 것만은 분명하다. 그렇게 우리 인생은 지나가리라.

둘째묶음

나의 삶 나의 길

나의 삶 나의 길

나는 어려서부터 늘 내가 나아갈 길에 대해서 한 가지 생각을 갖고 있었다. 내가 본 그 길을 어느새 나도 모르게 떠올리게 되었고 또 그 길을 바라보았다. 그 길의 기억을 지금 처음 생각한 것은 아니다. 내 길과 옆 사람의 길 그리고 내가 자라난 곳에서 언제나 지는 해가 바라다 보이는 길이 있었다.

나는 어릴 적 고향 집에서 멀리 마주 보이는 오봉산 너머를 자주 바라보았다. 그 후 내 생활 속에서도 가끔은 저 속에 있는 그 길을 보고 있었다. 지금도 길에 대해 생각하면 꼭 그때의 그림이 떠오른다. 나는 그 곳에서 때때로 많은 것을 볼 수가 있었다.

그 뒤로는 얼마만큼은 그 길을 바라 볼 수가 없었던 것 같다. 더 나은 길을 더 오르느라 바빴는지 아니면 힘이 들었는지는 모르겠다. 그렇게 시간은 흘러갔고 길에 대해 생각할 겨를도 없이 지내왔다. 이제 많은 세월이 흘렀다. 때로는 삶의 아픔도 많은 생각도 감사할 일도 많아진 것을 보면 세월의 흔적을 느끼게 된다.

어쩌면 그 길이 많이 넓어진 것인지, 아니면 그만큼 많이 겹쳐져서 확인하기도 힘든 채로 걸어왔는지도 모르겠다. 이렇게 길에 대한 수 많은 생각을 떠올리게 된다. 그리고 길에 대해 생각을 펼쳐 갈 때에 아직은 나도 내 길의 여정을 전부는 모르고 있어서 무어라 단언할 수는 없는것 같다.

그런데 이상하게도 길에 대해 처음으로 생각했던 그때에도 지금도 그 길의 한 정점에 머무르고 있는 것 같다는 생각이 든다. 중요한 것은 지금도 꼭 그 어느 곳쯤에 서 있는 것 같다는 것이다.

아마도 내가 가고 있는 지금 이 길도 산을 오르는 것처럼 높이가 있고 앞, 뒤가 있을 것 같아서일까?

가고 있는 이 길에서 아직 다 바라 볼 수는 없기 때문에 그렇게 머리속에 그려가고 있는지는 모르겠다.

사람이 길을 가게 된다면 어느 곳을 가든, 무슨 일을 하든지, 누구를 만나든 목적지를 향하여 최선의 선택을 하지 않은 사람은 없을 것이다.

내가 마음으로 그리는 그 길은 그냥 평지는 아니었고 가파른 곳이 있고 저 건너편에도 있는 길이었다.

어느 때는 빨리 길을 가고 싶어서 기운을 차리고 벌떡 일어나 떠나기 위해 준비를 서둘러 보지만 역시 그 다음날도 그 길 가장

자리에 서 있는 내 자신을 발견하게 되었다

누가 지구는 둥글다고 했던가! 아, 뜻밖의 생각이 찾아든다.

지금 이곳에서 둥글게 바라보자. 앞도 보이고 뒤도 보이고 옆도 보이고 좀 더 눈을 크게 떠보니 여기저기 서있는 사람들이 보인다. 자세히 보니 셀 수 없이 많은 것을 바라 볼 수 있을 것 같다. 때로는 구름처럼 무엇인가 많이 모여 있는가 싶더니 금새 자그맣게 쪼그라져 조그맣게 되어 버린다.

누구든 자기만의 길이어서 각자가 바라보는 오솔길은 오직 외길을 향해서 다 함께 가고 있는 것이다. 이것을 지구라고 하자. 좀 더 어렸을 때는 내게 보이는 길이 전부라고 생각하였다.

저 너머 해가 뉘엿뉘엿 넘어가는 산 뒤에는 아무것도 없는 것으로 알고 있었다. 23년 전에 내가 보는 길은 작은 길이요, 보잘 것 없는 길이었고 더 크고 넓은 길은 어마어마하여 감히 내가 쳐다볼 수도 바라다 볼 수도 없는 보이지 않는 주님의 길이라 생각한다. 그런 주님은 우리에게 생명이요, 빛이요, 진리의 길이신 구세주로 우리에게 골고다의 험한 언덕에서 나를 위해 생명의 십자가 길로 인도하고 있지 않은가!

그런데 나는 어디쯤 가고 있을까? 어느 길에 어디쯤에 서있는가? 자신도 모르게 어느 순간에 갑자기 도달하게 되어 버릴 것을 깨닫지 못하고 있다.

아주 작고 보잘 것 없는 우리의 길을 고집하지 말자. 우주만물을 주관하는 전능하신 하나님께서 섭리하심에 따라 하나님의 시간표에 대해서 생각해보자. 이 지구상의 모든 피조물이 주님께서 제공하신 길에서 한가지로 영원한 하늘나라 길에 이르는 소망을 갖고 살아가기를 내가 멈춰 서있는 이 길에서 멀리 바라본다.

어린 시절의 추억

고향은 언제 생각해도 설레이며 아름다운 곳이다. 내 고향은 전라남도 보성군 득량만이 있는 금릉이라는 마을이었다. 바다가 앞에 보이는 곳이었다. 일제 강점기에 간척사업을 하여 바다를 막는 둑의 길이만 해도 십리가 훨씬 넘었다. 간척지 면적이 2800정보라 어마어마한 평야가 한눈에 보이는 곳이었다. 동네 산에 올라가서 고흥 반도쪽을 바라보면 여름에는 끝없는 초록빛의 초원이 장엄하게 펼쳐지고 가을이 되면 벼 이삭이 황금물결을 이루었다. 바람이 일면 황금 파도결을 연상시키는 광활한 대지를 바라보면서 어린시절의 꿈을 키울 수 있었다. 금릉마을에서 나는 열살이 될 때까지 살았다.

초등학교 3학년 때 학교부근의 상당히 큰 집으로 이사를 하였다. 그 집은 초등학교 교장선생님이 살던 집이었다. 그 당시 어린

나이인데도 지금도 기억하기를 그 집을 구하느라 아버지는 빚을 졌고 오랫동안 많이 힘들게 지내신 것 같았다.

얼마나 큰 집인지 대지가 600평이었고 그중 300평은 중간에 담이 쳐져 있었고 작은 쪽문을 내어 드나들었는데 과수원이라 할 만큼 각종 과일나무가 많이 있었다. 제일 아름다운 것은 대문이었다. 대문에서 안채까지는 어린 걸음으로 한참 걸어야 했다. 안채와 창고. 뒷켠에 헛간. 삥 둘러 오래된 감나무가 여덟 그루나 서 있었고 집 뒤에는 오래된 대나무 숲도 있었다. 대나무 숲은 산과 연결되어 멋진 풍광이었다. 지금은 전원주택을 아름답게 지은 집이 많지만 그때는 꽤나 괜찮은 집이었다고 생각된다.

그 집은 우리에게 꿈을 충분히 꾸게 만들었고 행복하게 보낼 수 있는 집이었다. 그곳에서 우리가족은 행복하게 살았다.

마루에 앉아 앞을 바라보면 오봉산이 바라다 보였고 대문을 나서 왼쪽으로 돌아가면 마른 개울 이었다가 비가 올 때면 시냇물이 졸졸졸 흐르는 냇가도 있었다.

방문을 열고 나가면 담장 밑으로 매화나무를 비롯하여 사철나무, 석류나무와 갖가지 일년생 꽃과 유카나무 등이 가득했다. 유일하게 근처에 학교 교장 관사가 있었는데 교장선생님이 봄이면 보내준 갖가지 꽃 모종을 심어 꽃이 가득 피기도 했다.

어릴 때를 추억해보면 가장 기억에 남는 것은 즐겁게 교회 다녔던 일이다. 비가 내리면 할머니와 부모님이 교회에서 예배가 끝날때를 맞춰 우산을 몇 개 들고 교회로 향했다. 천둥과 번개가 칠 때 무서워 벌벌 떨면서 맏이라고 혼자 교회에 갔던 기억이 새롭다. 그러면 부모님은 기특해 하시며 칭찬을 해 주셨고 또 그 칭찬을 받게 되어 신이 났던 것 같다. 지금 생각해도 천둥소리는 무섭다. 번개가 칠 때면 우산을 꼭 붙들고 끌어안고 갔다.

또 기억나는 것은 크리스마스 때쯤이면 유난히 눈이 무척 많이 왔다. 교회까지 가려면 한 시간은 족히 걸렸던 거리인데 동네 아이들과 동생들을 데리고 성탄절 때 발표하기 위한 연극과 노래를 배우러 갔던 기억이 새롭다. 눈이 올 때는 눈을 커다랗게 뭉쳐 교회에 제법 큰 눈사람이 만들어 지곤 했다.

여름 방학 때는 여름성경학교에서 율동을 배우며 즐겁게 다녔다. 여지껏 별로 떠올려 보지는 않았지만 지금 생각하면 아주 예쁜 추억이기도 하다.

또 어렴풋이 기억에 남는 것은 내가 태어난 동네의 기도실에서 주중에는 예배를 드렸던 것 같은데 열 살 이전에 어른들을 따라 밤이면 기도실로 예배를 드리러 갔다. 그다지 많은 사람들이 모인 것 같지 않았는데 큰방으로 기억되고 가득 채워졌던 것 같다. 예배를 인도하시는 분은 나이가 많이 드신 영수님이라는 분이었다. 예배가 끝나고 오는 길에는 찬송가를 부르곤 했는데 주된 찬송은 '태산을 넘어 험곡에 가도 빛 가운데로 걸어가면 주께서 ……' 이 찬송을 부른 것이 기억난다. 무서움을 유난히도 많이 탔던 나는 늘 어른들 중간에 서서 걸었다. 그때 시골의 밤길은 어두웠고 무서웠다. 전기도 들어오지 않았을 때였다. 또 어렸을 적 즐겨 불렀던 찬송이 '하나님이 세상을 이처럼 사랑하사 독생자를 주셨으니 누구든지 예수 믿으면 멸망하지 않고 영생을 얻으리라'는 요한복음 3장 16절 찬송이다. 거기에다 율동까지 넣어서 했던 것 같다. 또 '예수사랑 하심은 거룩하신 말일세'라는 찬양도 애창곡이었는데 40여년이 지난 지금도 열심히 부르고 있다.

어린 시절 큰집으로 이사 온 덕에 친구들이 나를 많이 부러워했다. 또한 선생님께도 많은 사랑을 받았다. 아버지는 내가 유년부 시절 주일학교 부장 이셨는데 말씀에 의하면 교회에서 가장 눈을 크게 뜨고 장난도 안치고 열심히 설교를 들었다고 하셨다.

운동을 남달리 좋아해서 초등학교 때 육상 대표선수로 뛰기도 하였다. 운동뿐만 아니라 쉬는 시간에도 짬을 내서 놀이를 즐겨했던 것으로 기억한다. 그러나 6학년 때 담임선생님은 조선시대에 태어났으면 좋았을 거라 할 정도로 얌전하고 단정한 편이었는데 잠재적으로는 얌전하지도 못하고 적극적이며 매우 활발하고 급한 성격을 갖었다. 자라면서 동무들이 붙여준 별명은 이름 때문에 한마음, 일편단심으로 불리곤 했다.

어릴 적 꿈은 백화점 사장이 되고 싶다고 초등학교 6학년 때 발표했던 기억이 난다. 한참동안 잊고 지났는데 박사과정 때 뉴로피드백 기술에 기반한 뇌기능 분석결과 내가 잘 할 수 있는 직업군에 서비스업과 백화점이라고 나온 것을 보고 놀랐다. 그러나 아이러니하게도 나는 서비스업도 백화점에 근무해 본적이 없는 평범한 직장인으로 많은 세월을 보내고 있다.

또한 협력전문가라고 나왔는데 그처럼 누구와도 우호적인 협조를 잘하며 인간관계를 소중하게 여기며 지내왔던 것 같다.

또 미래가능성에 초점을 두고 살았으며, 숲을 보려는 경향이 지배적이라고 분석되어 있는 것을 볼 수가 있었다.

5~6학년 무렵 지금은 하늘나라로 떠난 선숙자라는 친구와 함께 2시간 거리를 마다하지 않고 부흥회가 열린다고 하면 가려고 노력했고 어른들 틈에 끼어 완행열차로 열두시간을 타고 여의도에서 열리는 엑스플로 '74에도 참가할 만큼 교회에 대한 열정이 많았던 유년시절을 보냈다.

감성이 풍부해 꽃을 유난히 좋아했고 나중에는 국어선생이 되고 싶다고 할 정도로 국어를 좋아했다. 이 꿈은 한전에 입사하게 되면서 자연히 접게 되었다.

집에서는 맏이라서 리더십을 일찍부터 발휘할 기회가 있지 않았나 생각된다. 부모님이 교회 가시거나 외출 하실 때면 5남매가 모여서 놀이를 하기도 하고 노래를 돌아가면서 시킨 기억도 난다. 물론 나는 하지 않고 동생들을 시키기만 했다.

어린 시절의 추억은 생각할수록 아름다웠던 기억뿐이다.

나는 극히 건전한 사고를 가진 모범생이었다. 그러나 세월이 흐르면서 세속화 되어가고 세상을 많이 닮아가고 있는 모습을 보면서 가슴 아파한다. 어릴 적 해맑던 지난날의 소중함을 다시 회복해야 한다는 양심의 소리에 귀 기울여 본다. 또한 평범함을 누리지 못하고 살아온 날과 그동안 지은 죄로 인한 가슴앓이가 나를 자유롭게 하지 못하지만 지금이라도 깨달아 가고 있는 것 같아서 조금이나마 위로를 받게 된다.

중학교 1학년 때 담임의 결근으로 대신 조회를 오셔서 말씀해 주셨다.

"사람은 자기 잘난 맛에 산다."

교장선생님의 말씀이 문득 떠오르며 아직 다 살지 않은 내 인생의 길에서 잠시 지난 어린 시절을 되짚어 보며 입가에 수줍은 엷은 미소가 내 마음을 대신한 것 같다.

앞으로 "잘 살자" 는 속삭임으로 스스로 위로해 본다.

직장생활을 돌아보며

고교 졸업 후 친구와 함께 몇 개월 동안 매일 서울 남산 도서관에 공부하러 다녔다.

친척집에 기거하고 있었는데 어느 날 고3 담임이신 김기주 선생님으로부터 한통의 전화를 받았다.

조선일보에 한전에서 신입직원을 공개채용 하는데 여자도 뽑는다고 꼭 지원 해보라고 권유하셨다.

대학에 가서 국어교사가 되고 싶어 이제라도 준비하고 있다고 하니 대학은 직장 다니면서 해도 된다고 하셨다. 그리고 덧붙인다. 한국전력공사는 남녀 차별이 없는 직장이란다. 들어가기만 하면 최고라고 말씀 해주셨다.

너무 어린나이라 판단을 할 수 없고 일단 함께 재수하고 있던 친구와 함께 시험을 봤는데 그 친구는 떨어지고 나만 합격 되었다.

그 당시는 취업자체가 어렵지는 않았는데 내가 들어가는 직장의 취업경쟁 비율은 몇 십대 일로 굉장히 높았다. 벌벌 떨며 긴장 속에서 2차 면접을 치렀던 기억이 난다. 두 달에 걸쳐 이루어진 신원조회를 마치고 입사하니 선배들이 기쁘게 환영해 주었다.

지금은 다르지만 그때만 해도 공개 채용된 여직원은 내가 들어가기 전까지 전국적으로 극소수에 불과 했다. 모처럼의 여성 신규채용으로 입사를 하게 된 것이다. 새내기 초년생 직장생활은 한없이 낯설고 어렵고 또 신기한 일도 있었다. 근무시간 중 담배는 왜 그리 많이 피우는지 집에 돌아가 옷을 벗으면 속옷까지 담배냄새가 배어 있을 정도였다. 그 시절을 생각하면 지금은 너무나 좋은 근무 환경이 되었다는 것을 느끼곤 한다.

어느 직장이나 예나 지금이나 다를 것 없이 일과 후 밤에 회식이 있을 때 술 문화 자체가 처음이고 익숙치도 않았고 기독교 가정에서 자란 내게는 더욱 받아들여지지 않아 속마음으로 일 년쯤 근무하고 나서 진학을 하려고 마음먹고 있었다.

그런데 시간이 흐를수록 나를 알고 있는 사람들을 만나면 모두 좋은 직장에 잘 들어갔다고 격려해 주었고 어린나이 인데도 불구하고 같이 근무하는 사무실에서 올케가 되어 달라고 하기도 하고, 직장상사는 며느리 삼는다고 그때부터 야단 이었던 시절이 있었음이 새삼스레 떠오른다.

결국 일 년이 지나고 십 년도 지나고 삼십년이 지나도 그만두지 않았고 나 개인과 여러 가지 환경이 좋은 직장으로 인도하신 하나님의 선하신 뜻 가운데 정년을 몇 년 앞둔 시점까지 무사히 지내온 것을 감사 할 뿐이다.

한전을 들어오게 된 계기를 만들어준 선생님 말씀처럼 직장을 갖고 배움의 끈을 놓지 않고 이어서 공부를 하면서 이렇게 늦어질지는 몰랐지만 2012년 박사학위를 끝으로 남산도서관에서부터 이어진 나의 학업에 대한 열망이 입사로 인해 중도하차 했던 것을 늦게나마 마칠 수 있었음에 뿌듯함을 느낀다.

특히 이화여대 석사과정에서는 영어실력이 안되어 5학기 정규과정 외에 방학도 없이 다녀야 했다. 나이어린 동기생과 같이 공부하며 힘들었던 일이 주마등처럼 스쳐간다. 힘들기도 하였고 돈과 시간이 많이 들었지만 이 모든 것이 하나님께서 도와 주셨기에 가능했고 참 잘했다고 생각한다.

그때 지금의 직장으로 인도되지 않았다면 또 어떤 삶이었을까 생각하면 궁금하기 까지 하다.

프로스트의 '가지 않은 길' 을 가끔은 떠올려 보기도 하며 나름대로 보람과 고마움으로 정리하게 된다.

대체로 직장생활은 한마디로 즐겁게 근무하였으며 좋은 분들과 나의 능력 이상으로 대우 받으며 업무에 임할 수 있었음을 감사하게 생각한다.

순수함과 여린 마음 등이 크게 훼손되지 않을 수 있는 문화속에 스며들어 잘 어울려 지내왔다는 평가를 스스로 하게된다.

비교적 어느 곳에서도 어떤 조직에서 볼 수 없는 편안함과 인정미가 있고 성실함이 가득한 곳이 나의 소속 직장 한전만의 전통문화이고 우리만이 누릴 수 있는 특권이라 여겨진다.

또한 지금껏 직장 내에서 받은 사랑과 교제, 더구나 직장선교는 정말 보람 있는 시간이었고 행복했다.

나는 대부분을 조직 규모도 크고 인원이 많은 경기지역본부에서 근무했다. 또한 본사에서 근무하면서는 많은 경험을 쌓을 수 있었고, 폭넓게 여러 사람을 알게 되었다. 물론 본사 근무는 지사 근무보다 힘든 면도 많았지만 힘든 만큼 직장인으로서 꼭 갖추어야 할 것을 알게 해주고 여느 직장에서 볼 수 없는 다양한 전공을 배경으로 폭넓게 접할 수 있었던 것이 큰 수확 이었다.

내가 다닌 직장은 여러 면에서 배울 수 있는 것이 참 많았다. 특히 발령을 전국 규모 단위로 하다 보니 원하면 전국 어디서나 근무를 할 수 있는 기회가 있고, 출장 등으로 많은 사람들을 만나 지역특성을 접하고 삶의 다양한 문화를 섭렵할 수도 있었다. 돌이켜 봐도 돈으로 살 수 없는 소중한 시간이었다.

매년 전국을 순회하며 예전의 회사 창립기념일인 7월 1일에는 연합선교회로 전국기독교 선교회원 천여명이 한자리에서 예배드렸고, 각 지역마다 헌신한 모습에 감동했다. 그때 함께 참석했던 만남도 소중한 추억으로 담겨질 믿음의 자산이라고 생각된다.

일찍 천국에 가신 선배들과 함께 나누고 고민하며 신우회 이름으로 직장 내 선교모임을 발족했던 기억이 새롭다. 오직 주님 사랑하는 마음 하나로 여기저기 분주하게 뛰어 다니며 그것이 전부인 것처럼 믿음과 열정하나 갖고 충성 했다. 문득 지금 와 돌이켜 보니 부끄럽기도 하지만 분명 주님을 향한 충성과 믿음 때문이었다고 생각된다.

그만큼 직장선교는 나의 직장생활 중 중요한 몫의 한 부분 이었던 것이다.

무턱대고 사람을 좋아하는 단순한 성격 탓에 인간관계 면에서는 특별한 어려움 없이 지내온 것 같다.

재미있는 추억 중의 하나로 휴가를 내서 배를 타고 중국 청도에 가서 준비해 간 "고객만족도 제고"라는 현수막을 거니 사람들이 순식간에 몰려온다. 그들 눈에는 무슨 항의시위라도 하는 것처럼 보여진 모양이었다. 경기본부 근무 때 과장 7명이 단체로 휴가내고 떠난 김에 재미삼아 사진에 담으려고 고객만족 구실로 휴가 냈던 것을 기념으로 준비해 간 것이었다. 그 외 직원과 함께 일 년 동안 이십여 지역을 찾아가는 정보화 교육으로 분주하게 다녔던 일도 기억에 오래 간직될 것 같다.

지나온 시간속에 가장 좋은 추억은 내 시각에서 누구하나 마음에 걸리지 않고 모두 좋아하며 행복하게 지내온 것이 감사할 뿐이다. 그러나 혹 나로 인해 마음으로 상처받은 사람이 있지 않았기를 바랄 뿐이다. 돌이켜 보면 선후배와 잘 지냈고 그 사람 여자지만 의리 있는 사람이라고도 지칭되며 우리직장에서 여성 최초 총

무과장으로 근무할 당시, 오히려 남성과장 보다 훨씬 마음 편하게 지냈다고 표현한 상사의 말로 자신감 있는 활기찬 직장생활이 될 수 있었던 것 같다.

지금 나는 보직으로 마지막 근무지가 될 한국전력공사 하남지사에서 보람찬 직장생활과 활기찬 사업소가 되도록 고민하며 소속된 직원과 함께 여러 가지 크고 작은 공사가 진행되고 있는

하남시에 차질없는 전력공급을 위해 최선의 사명을 다하고 싶다. 밝은 모습으로 민원 창구를 지키며 각 팀에서 어머니 같은 역할을 하고 있는 여직원과 전기요금 많이 나왔다고 야단치며 힘주어 말하는 고객에게 다가가서 막아주는 겉으로 무뚝뚝해 보여도 의리있는 남직원, 또 이제 정년퇴직이 얼마남지 않았지만 정성과 열정을 쏟는 고참 선배에 이르기까지 모든 분이 고맙고 감사하기만 하다.

그동안 나와 함께 한 울타리 안에서 근무했던 경기지역본부와 IT운영처, 옥천지사, 직원 모두가 직장생활을 마무리 하고난 후에도 두고두고 생각날 것 같다. 특히 옥천지사에서 근무한 것이 오래도록 생각날 것 같다.

또한 나의 위치에 오기까지 지금까지 이끌어 준 고마운 분들, 일일이 열거하지 못하지만 많은 것을 의논하고 자문 받으며 때로는 누구보다 가까웠던 소중한 분들 모두가 직장생활에서 얻은 자랑거리이기도 하고 감사 할 대상이기도 하다.

상당한 세월을 직장에서 보낸 사람으로 원래 긍정적인 마인드와 밝고 명랑한 성격 탓도 한 몫이겠지만 지나온 나날이 너무나 행복했고 고마움을 간직하게 해준 나의 직장인 한국전력공사에 항상 감사하고 있다. 어느날 갑자기 세월의 한복판에 혼자 덩그러니 앉아 있을 때도 내 평생 소중한 직장 한국전력공사를 사랑한다고 고백할 것이다.

기도원에서 받은 충격

1985년 8월 23일 파주에 있는 금식기도원에 가게 되었다.

그 후로는 일년 중 이삼일 범위 내에서 시간이 허락되는 대로 가기로 하고 마음의 고향처럼 그곳을 8월이나 9월경에 매년 찾곤 하였다. 교회버스에 내려 등록을 하고 다가가면 좌측으로 넓게 자리 잡고 있는 교회묘지가 있고 우측으로 대성전이 있었다. 더 내려가면 크고 작은 숙소가 있었고 팔각정도 인상 깊었다.

또 매점에 가면 재미있는 것이 많이 있었다. 보기는 했어도 잘 먹어보지 않았던 과자와 아이스크림, 과일 등 왠지 발걸음을 유혹하며 마음을 움직이게 해주는 공간이었다.

금식을 작정하고 갔는데도 두 세끼 정도 지나면 어느새 그 매점에 가고 싶은 유혹에 발걸음을 억제하기가 어려워 결국 완전한 금식을 하지 못하고 내려오곤 했다.

그러면서도 일년에 한번 정도 갔다 오고나면 왠지 마음이 위로가 되고 하나님 앞에 조금은 덜 죄송하고 내 자신에게 조금은 잘 보냈다고 스스로 격려가 되기도 했다. 그때는 낼 수 있는 유급 연차휴가가 많지 않을 때라서 몇일 안 되는 휴가를 매년 몇일씩 기도원으로 향하기는 쉽지는 않은 일이었다.

빠진 해도 있었지만 대부분 하루라도 다녀와야 일년을 보냈고 하나님을 향한 사랑을 갖고 있다고 느낄 수 있었다.

이십여년전 어느 해였다. 배낭을 메고 여느때처럼 기도원에 갔는데 여러 번 간 곳이기 때문에 바로 대성전으로 들어가자마자 배낭을 내려놓은 순간, 머리에 둔기로 한대 얻어맞은 것 같은 생각이 들었다. 음성은 아닌데 분명 가까이서 등 뒤에서 말씀 하신 것만 같았다.

"너는 왜 지금까지 시험 보러 가면서 교회를 먼저 가지 않고 시험을 보러 가느냐?" 하는 음성이 들리는 것이었다. 맞다!

그때는 우리 회사뿐 아니라 모든 시험이 대부분 일요일에 실시되었다.

내가 재직한 회사 초급간부고시 역시 주일인 일요일에 시험을 보는 것이 당연했고 거의 일년내내 준비해서 시험을 보는 그날은 신경을 온통 시험 보는 데만 몰두했다. 시험이 끝난 후에는 가능한 빠른 시간에 예배드리는 것으로 별 생각 없이 만족하고 있었던 것이다.

시험 후 바로 교회 가는 것 자체만으로 주님의 자녀로 당연히

잘한 거라고 의심의 여지도 없이 쭈욱 그렇게 몇 년을 지내왔다. 그런데 오늘 주님은 왜 교회를 가지 않고 시험을 보러 갔느냐고 채근하시는 것일까?

참으로 응답 달라고 간절히 기도하면서 기다린지 오랜만에 처음으로 뇌리에 충분히 깨달을 수 있도록 살며시 나에게 다가오신 주님을 만난 것이었다.

그것도 기도원에서, 너무 기뻤다. 아! 이제야 그동안 최선을 다해 준비해 온것 같은데 번번히 실패했고 하나님 뜻이 아닌 것 같다 하며 포기하려고 생각한 적도 있을 만큼 풀리지 않은 문제를 알게 되었다.

이제는 자신이 있었다. 이제 됐다! 속으로 환호성을 지르고 싶었다. 짐을 내려놓고 과거와는 다르게 보다 뜨거운 감격으로 기도를 드렸다. 주님! 감사합니다. '저 이제 한전에서 간부 되겠네요' 라고 중얼거렸다. 처음 시험 준비한 몇 년은 너무나 기쁘게 준비하였다. 남들은 힘들다 해도 나는 즐기며 했던 것 같다. 그러나 한편 간부가 되고 싶어서 평소에 하고 싶었던 일이나 배우고 싶은 것을 미루고 어디를 가든지 마음껏 펼쳐져 있는 계절 따라 아름다운 금수강산의 산천 구경도 제대로 못하며 오랜기간 공부하느라 힘들다고 느껴질 때도 있었는데 마침내 마무리가 되는 것 같아 뛸 듯이 기뻤다.

금식기도 삼일 작정하고 갔는데 해법을 받았으니 굳이 오래있을 것 없이 들떠서 성전과 매점을 들락거리며 겨우 이틀 지내다 가뿐한 마음으로 집으로 돌아왔다. 처방도 받았으니 가볍게 공부를 준비해서 하루라도 빨리 초급간부 시험일이 다가오기만 기다렸다.

한국전력공사 초급 간부시험

모든 직장인의 로망은 승진이라는 단어일 것이다. 한국전력에 근무한다는 것만으로도 괜찮은 직장이라고 듣고 있었지만 근무연수가 되어 초급간부 시험 자격이 주어졌을 때는 간부가 되고 싶었다. 그러나 승부가 나지 않고 세월만 지나갔다.

승진을 준비하는 것은 상당한 희생이 따라야 한다는 것은 알았지만 생각한 것 보다 더 힘이 들었다. 간부시험 준비하느라 개인적인 일을 접어야만 했고 온 정성을 쏟으며 눈코 뜰 새 없이 지내온 시간이었다.

한편 공부에만 푹 빠져서 행복해하며 나만이 누릴 수 있는 특권이라 여기고 즐겁게 보냈던 것도 사실이었으며 소중한 시간이었다고 말하고 싶다.

그런데 기도원에서 받은 충격은, 새로운 방향으로 초급간부 시험에 임하게 되었다. 전국적으로 사무 직군의 수험생들과 선의의 경쟁을 하게 된 셈인데 오늘 만큼은 자신이 있었기에 다른 때와 달리 기분 좋은 시험일을 맞으며 몹시 기대했다. 사실 처음 보는 해와 그 후 한 두 해 정도까지는 도저히 떨려서 수험장에 혼자서 가지 못하고 여동생과 함께 가곤 할 정도로 긴장되기도 했다.

기도원에서 깨닫아 알게 되어 예년처럼 새벽에 학교 수험장으로 바로 달려간 것이 아니라 먼저 예배를 드리러 교회로 갔다. 내가 출석하는 교회는 새벽 6시 예배 후 다음시간은 8시에 시작되는데 시험시간이 촉박한 관계로 새벽예배를 드리기로 했다. 그동안 열심히 준비 하였음으로 오늘은 합격될 날이기에 공부를 적게 하고 가도 괜찮다 싶어 일찍 출발했다.

6시 예배를 드린 후 시험장소로 갔다. 좀 이른데도 마지막 정리를 하고 있는 다른 수험생 틈에 섞여서 마무리 노트를 철저하게 보면서 준비를 완벽하게 했다 생각하고 여느때와 달리 자신감과 여유를 갖고 감사함으로 시험에 임하게 되었다.

그런데 이게 웬일인지 첫 시간 첫 문제부터 답이 두 개였다. 두 번째 문제도 답이 두개 10번 문항까지 풀어도 여전히 답이 두 개로 힘들게 치뤘다. 결과는 아무래도 지금까지 본 시험 중에 가장 잘못 본 것 같았다. 다른 해에는 어느 과목에서 점수가 안 나왔는지 일일이 확인해 보곤 했는데 문제를 검토해 보지 않은 것도 그때가 처음이었다. 나에게 간부의 길을 허락하시지 않은 것이다라는 생각마저 들었다.

주님께서는 원하시지 않으신 것이다. 여기까지가 한계인 것처럼 느껴졌다. 시험에 그동안 떨어진 이유를 확실하게 알려주었고 이 길이 아니라고도 하신 것만 같았다. 그 다음해에는 당연히 준비하지 않았고 시원섭섭한 마음으로 침묵의 시간을 보냈다. 이렇게 허망하게 끝나고 말 것을 그동안 너무나도 애썼구나 하는 소회를 느낄만 했다.

그 다음해가 지나고 1999년의 어느 날이었다. 그동안 함께 간부고시를 준비하다 먼저 승진해서 본사 인사처에서 근무하고 있는 과장으로부터 한통의 전화를 받았다. 그는 그 전에도 조금이라도 도움이 되기를 간절히 바라는 사람이었다. 오후 4시 반쯤이었다. 통화를 하는데 30분이 넘도록 끊지를 않는다. 내용은 시험에 도전하라는 것이다. 좀 늦었지만 그동안 준비해 놓은 것이 있으니 충분하다고 하면서 지금부터 준비해 다음해에 시험에 대비하라고 하였다. 만약 내가 준비 안한다고 하면 전화를 안 끊는다고도 으름장을 놓았다. 내일 다시 전화할 것이고 그 다음에도 할 것이라 하였다. 그때 문득 어떤 예감이 나의 뇌리를 스쳤다.

항상 하나님은 일을 하실 때 사람을 통해서 역사 하신다는 것을 잘 알고 있다. 그것도 상황에 딱 맞는 사람을 사용하신다. 평소 전혀 관심 없었던 사람이 왜 갑자기 시험을 보라는 것일까? 내가 되면 본인에게 뭐가 이롭다는 말인가. 왜 생색을 내기라도 하려는 것인가? 의문이 들텐데 이 경우는 달랐다.

이것은 분명 주님께서 지시하는 것이라는 생각이 들었다.

내가 근무하고 있는 곳은 2층이었고 바로 옆 공간이 강당이었다. 나는 바로 무언가에 쫓기듯 빠른 걸음으로 강당으로 갔다. 마침 아무도 없었다. 문을 열고 들어가자마자 그대로 무릎을 꿇고 기도하기 시작했다. '주님! 분명 이것은 주님이 시키신 일 같아요 틀림없지요? 그렇다면 제가 오늘밤 공부를 일단 해보겠습니다. 다시는 안하겠다고 이미 틀렸다고 주님이 원하시지 않는 것이라고 확실한 단념을 하고 접은 초급 간부시험을 다시 한다면 이미 알고 있는 사람들에게 다시는 안한다고 선언한 상태에서 좀 우습기도 하겠지만 지금이 주님의 뜻이라면 그래도 또 한번 해보겠습니다. 오늘밤에 알려주십시오. 정말로 마지막입니다.'

그날 밤이었다. 퇴근 전 직장 동료에게 개정된 전기공급 규정 출력을 부탁했다. 공부는 8시부터 평소 즐겨 찾던 집근처 독서실에 가는 것도 그만두고 그냥 집 거실에서 시작하였다. 어머니가 물과 과일을 쟁반에 놓아두었다. 가끔 화장실 간 것 외에는 꼼짝도 하지않고 공부하는데 이상하게도 잡념이 전혀 없고 공부가 머리에 쏙쏙 들어왔다. 오늘 공부한 내용은 하나도 빠짐없이 다 알 것 같았다. 이제 오늘 준비한 것 다 보고 이제 쉬려고 처음 고개를 들어 시계를 보니 벽에 걸린 시계가 새벽 다섯 시를 가리키고 있었다. 밤을 꼬박 세웠던 것이다.

지금까지 이렇게 좋은 컨디션으로 밤을 새운지도 모르고 공부해보기는 처음이었다. 드디어 그렇게 준비해 시작한 초급간부 시험날짜가 되었다.

이번에는 새벽에 교회를 가지도 않았고 썸머리 노트도 준비하지 않고 오직 가방 안에는 수험표, 신분증 그리고 성경책만 들고 주일 대예배 1부인 여덟시 예배를 드리고 부랴부랴 시험장으로 달려갔다.

처음으로 최종 정리노트를 보는 대신 기도로 마무리 했다.

"이제는 주님만 의지합니다. 인도해주십시오. 간부의 길이 여성으로 힘이 들지 몰라도 저는 꼭 되고 싶습니다. 주님 도와주세요." 라고 간절히 기도했다.

내가 간부가 되고 싶었던 것은 몇 가지 이유가 있었다.

첫째는 멀리 그리고 높이 사물을 보기 위한 것이었다.

요즘도 직장 후배들에게도 기회가 되면 자주 등장하는 말인데 눈앞의 나무만 보지 말고 그 너머 어우러진 큰 숲을 보라고 권하고 있다. 잠깐 왔다 가는 인생이 현재는 작은 나무 한그루에 불과하지만 물을 주고 번식하여 큰 나무숲으로 성장하고 싶었다.

그래야 멀리 볼 수 있고 많이 볼 수 있을 것 같았기 때문이다.

지금도 나는 다 보지 못했고 볼 수 있는 처지도 아니지만 이제 나무를 잘 가꾸어 가고 있는 것이다. 그리고 언젠가 작은 숲이 될 것이고 그 숲은 울창하게 될것이라 기대하고 있다.

둘째는 인정받고 싶어서였다. 지금은 사회적으로도 여성인력 진출이 늘어나고 있고 다양한 분야에서 인정받는 리더가 많아서 여성이라는 편견은 많이 없어 졌다고 보지만 우리 직장 내에서 그 때만 해도 여성간부는 다섯 손가락 안에 들어갈 정도로 소수였고 시험 준비 자체만으로도 큰 부담이 되었던 때였다.

기독교 가정에서 성장하여 남녀 차별이 없이 맏이로 대우받으며 지내다 입사 후 여성이라는 이유 하나로 보수주의가 강하고 권위주의가 팽배한 직장에서 매사에 남녀차별에서 오는 느낌을 감당하기가 어려웠다.

방법은 간부가 되어 면하는 길 뿐이었다. 신입 남자직원이 중간고참 여직원보다 항상 서열이 앞서는 것이 견디기 어려웠다. 그리고 간부가 된다면 모범적인 상사가 되고 싶었다. 조금이라도 권한이 있다면 함께 나누고 싶고 돕고 싶었던 마음도 작용했다. 특히 나와 같은 여직원에게 마음써주고 잘해 주리라 마음먹었다.

셋째는 시험준비를 하는 여성직원 중에서 크리스천은 오직 나 혼자여서 양보할 수 없었고 꼭 하나님의 영광을 위해 합격하여 간

부의 길을 가게 해달라고 간절한 기도를 마친 후 시험지를 받아 들었다.

그로부터 한달쯤 지났을까 어느날 출근하는 택시 안에서 인사처에 근무하는 선배로부터 전화가 왔다. 합격했다고…

힘들고 외롭게 밤을 지새며 나와 싸우며 지내왔던 시간들이 주마등처럼 스쳐 지나갔다. 합격은 오직 하나님께서 도우셨다는 생각뿐이었다.

얼마나 기쁜지 몇 번이나 묻고 확인했다. 정말이냐고 확실하냐고 물었다. 맞다고 했다.

그렇게 하여 초급 간부생활이 시작되었다. 그렇게 원했고 되고 싶었고 하고 싶었다. 그러나 그렇게 준비기간이 오래 걸리게 될줄도, 그렇게도 힘들 줄도 몰랐다.

알량한 실력만 믿고 주님께 먼저 예배드리지 못하고 번번히 실패를 거듭하면서 칠전팔기의 시련을 겪어야 했다. 그러나 이런 동기로 살아계신 하나님을 더 깊이 발견하게 되었던 것이 가장 큰 수확이다. 지나고 보면 다 주님의 뜻이었고 하나님의 시간표였고 큰은혜였음을 깨닫게 되었다.

그나마 다행인 것은 간부시험 준비를 하게 되면서부터 하나님의 말씀인 성경을 부분적이 아닌 처음부터 끝까지 매년 1회씩 정독하였다.

또 성경 전체를 필사했다. 마지막 합격한 해에는 욥기 1장부터 42장까지 시험보기 전날까지 다 옮겨 적은 것을 끝맺으며 초급간부고시 준비는 막을 내린 셈이다. 그때의 열정과 말씀을 보면서 하나님과 동행했던 시간은 주님과 소중한 만남이 되었다.

시험 준비 마지막 날 욥의 고난을 생각하며 마지막 더 큰 축복으로 돌려주시는 욥에 대한 하나님의 사랑의 장을 쓰며 눈물을 흘렸다. 시험 준비를 마칠 때 시원한 바람으로 비둘기 같은 성령의 바람을 두시간 가량 체험하면서 주님의 임재함을 깨닫게 하심에 감사 드리면서 나의 초급간부의 시작을 그렇게 했다.

직장선교

한국전력 그룹사 본사 선교회 정기예배는 매주 화요일 점심시간에 드렸다. 하나님을 너무나 사랑한 나머지 조기 퇴직 하시고 선교사이신 직장 선배였던 목사님 설교시간에 은혜를 받았다.

2008년 8월 26일 12시, 한국전력공사 대강당이었다. 직장선교를 잘 하려면? (막 16: 15-20) 이었다. 두 가지 사람이 있다고 한다.

첫번째, 교회에 십일조도 내고 교회일도 열심히 하면 되었지 회사까지 와서 예배드리고 전도해야 하나?

두번째, 교회에 십일조를 못 내더라도 회사에서 이렇게 선교예배도 드리고 전도해야 한다. 몇 번이에요? 당연 답은 두 번째라고 목사님은 강조하신다. 로마서 1장 14-16절에 비추어 보면 전도는 회사에서는 안하는 것이 아니고 주님의 지상명령이다. 우리는

'빚진자' 이다.

첫째, 하늘 복음의 사랑에, 그리고 은혜에 빚진 자 이다. 그러므로 이제 빚을 갚아야 하는 것은 당연하다.

'이것이 나의 후반기 인생의 목적이기도 하다.'라고 힘주어 말씀을 전한 목사님 설교를 공유하며 업무 외에 직장 다니면서 할 수 있고, 어쩌면 그 일을 더 즐겁게 할 수 있는 기회를 주신 하나님께 감사한다. 지난 30년이 넘은 나의 직장선교에 대한 사랑과 빼 놓을 수 없는 직장선교대학 훈련과 작은 섬김을 잠시나마 하면서 받은 은혜를 함께 나누고 싶다.

지금도 직장선교는 생각할 수록 나를 들뜨게 하고 직장에 다닌다는 이유가 된다고 말하고 싶을 정도이다.

가만히 생각하면 지금까지 내 인생은 오직 주님께 받기만 한 것같다. 나에게 맞는 너무나 좋은 직장까지 주셨는데 어떻게 감사하지 않을 수 있단 말인가. 그 은혜를 빨리 갚아야한다. 그렇다고 당시 설교해주신 직장선배 목사님처럼 모두 퇴직하고 선교사가 되고 목회자가 되라는 것도 아닌데 참으로 신나고 즐겁고 보람된 일이 직장선교가 아닌가 생각된다.

하긴 그런 나를 알아서인지, 옥천으로 발령받아 갈 때 어느 상사께서 좀 느긋하게 선교하라고 하신 말씀이 생각난다.

그러나 사실 난 그 일 만큼은 양보할 생각도 없고 계산해 보고 싶지도 않은 마음으로 보냈다. 왜냐하면 나는 주님께 너무나 큰 빚진자인 것을 잘 알고 있기 때문이다.

가끔 전 직원이 모인 자리에서는 어김없이 나누고 싶은 것이 하나님의 복음과 사랑인데 전하고 싶은 마음을 얼마나 참는지 모른다. 가끔 그 생각이 입으로 먼저 튀어 나오려고 할 때도 있었다.

그렇게 직장 선교는 나의 직장생활에서 큰 비중을 차지하고 있었으며, 또 하나의 즐거운 큰 업무의 한 축 이었음을 숨기고 싶지 않다.

출장 갈 일이 있으면 선교 예배가 있는 요일이 아닌 때를 택하고 예배가 있는 요일은 그렇게도 들떠서 준비하며 행복하게 생각했던 것은 주님도 기억해 주실 것이다.

초창기 때의 신우회로 모일 때는 소극적이었고 사명도 없었고 잘 몰랐다.

이때 죽음의 문턱에서 하나님의 도우심으로 두 번의 기적 같은 체험이 있은 후 나의 직장 선교예배의 태도가 달라졌다. 더구나 영적인 교회에 다니게 되면서 부터는 한 영혼을 바라보는 시각이 완전히 달라졌다. 나 혼자만 갈 수 없기 때문이다. 좁고 협소한 길이지만 같이 가야한다. 이 인생길 끝에는 주님이 계시기 때문이다.

만약 옆집에 불이 나서 점점 번져가고 있는데 아무것도 모르고 잠에 빠져 있는 사람이 있다면 내가 바쁘다고, 내 가족이 아니라고 모른 척 지나갈 것인가?

들어가서 소리쳐 알려주고 깨워 불구덩이에서 데리고 나와야 한다. 그래서 같이 가야 한다. 그것도 급하게 좀 힘들지 몰라도…

그런 일을 좀더 알고 깨우는 일에 봉사하라고 주님은 2007년 9월에 직장선교대학으로 보내 훈련을 시키셨다.

그때는 지금과 달리 매주 토요일 오전 9시부터 5시까지 강의가 진행 되었고 전도실천이 있는 날은 더 많은 시간을 할애했다. 처음훈련 1단계는 12주였고, 이어서 2단계는 11주, 리더 과정 7주 훈련을 받았고, 그 후는 다음 훈련기수를 돕느라 반복 훈련을 계속했다.

그 모든 과정을 기쁘게 받았고 그 가운데서 많은 은혜를 체험하기도 했다.

시간이 흐를수록 훈련의 시간이 보람되었고 지방 발령 전까지 5년간은 기쁘게 맡겨진 작은 사역도 잘 감당했다.

직장선교대학은 생각만 해도 마음이 들뜨고 가고 싶고 기분이 좋다.

처음 함께 훈련받은 동기 중에 사회에서 높은 위치에 있는 분과 같이 훈련 받았는데, 누구나 그러듯이 처음에는 누군가 강요에 의해 왔다가 은혜를 받고 일단계 훈련이 거의 끝나갈 때는 섭섭해 하며 마지막 주 수료식에 눈물 흘리며 간증하는 모습이 10여년이 다 되어가도 잊혀지지 않는다.

그 후로는 그 분을 볼 수 없어 알 수 없지만 인생에 있어 흔치 않은 기회였고 특히 직장선교 사명은 확실히 깨달았으리라 생각한다. 또 기억에 남은 것은 2010년 직장선교대학에서 필리핀 비젼트립으로 바세코 지역에 가서 4영리를 전달한 경험은 잊을 수 없다. 우리는 대한민국에 태어나 살고 있다는 것이 얼마나 행복한지 모른다. 그곳에서 너무나 힘들게 살고 있는 모습을 보았다. 한편 기회가 되면 그 지역처럼 어려운 곳에 조금이라도 보탬이 되는 일을 찾고 싶다.

나의 특별한 직장선교 사명은 남다르고 각별했다.

본사에 근무 할 때인데 한번은 기침이 한 달반 동안 멈추지 않았다.

그리고 그 즈음 연 1회 전력그룹사 전체 선교회원이 모이는 연합선교 모임이 본사에 있어서 함께 준비하느라 정신없이 보낸 후 중국으로 단기선교까지 갔다 와보니 더 심해졌다.

나중에 안 사실인데 의사의 권유로 씨티(CT)촬영 결과 폐렴이 심하게 걸린 자욱이 발견 되었는데 폐렴약 하나 먹지 않고 씻은 듯이 나았다고 호흡기 내과 의사가 고개를 갸우뚱 거렸다.

그만큼 직장선교 일에 열정을 쏟은 것을 주님께서 기쁘게 여기시고 병에서 고침 받았다고 생각했다.

직장선교 사명은 나에게 각별했고 항상 우선순위에 들어있다. 지금은 그때의 열정에도 못 미치고 마음껏 펼칠 수 없음에 죄송한 마음이다.

훈련을 받으면서 남은 기억이 많지만 그중 내가 주일 오후에 섬기고 있는 병원에서 일주일 금식중인 중국교포 분에게 "사영리에 대하여 들어 보셨습니까" 라는 교재를 읽어주며 큰소리로 영접기도를 시켰던 일이다.

그분이 영접하실 때 가슴이 벅차 올라왔고, 지금 그분은 한국에 오셔서 명성교회에 출석하며 하나님의 사람이 되었다.

직장선교대학 간사의 모습

2007년 9월 15일 직장선교대학 에서 처음으로 간사를 만났다.

나는 처음으로 그 곳에 갔었는데 알고 보니 1988년부터 이름 없이 빛도 없이 그들은 계속 그 자리에 있어 왔다.

어느 누가 알아주지 않아도 전혀 관심이 없다. 아니 알아줄 사람도 없다.

당신의 그 섬김이 천국에서 해같이 빛나리
당신의 그 겸손이 천국에서 해같이 빛나리
당신의 그 믿음이 천국에서 해같이 빛나리
당신의 그 충성이 천국에서 해같이 빛나리
주님이 기억하시면 족하리

예수님 사랑으로 가득한 모습
천사도 흠모하는 아름다운 그 모습
천국에서 해같이 빛나리.

'해같이 빛나리' 라는 복음성가 가사에서 볼 수 있듯이 주님이 기억하시면 족하고 설령 주님이 기억 못하신다고 해도 그 자리에서 있을 수 있는 것 같다.

계속해서 먼저 섬기고 있는 자리의 바톤을 이어 끊어지지 않고 계속 되기를 소망한다.

직장선교대학 42기 협력간사로 섬길 때의 일로 내가 사랑하고 좋아하는 간사의 사역콘티로 올렸던 글을 소개하고 싶다

"2009년 4월 23일

이번 주는 전도실천 으로는 두번째입니다.

우리 42기 훈련생 모두 즐겁게 이 훈련과 전도에 임했으면 하는 바램으로 올립니다.

듣는 자에게 충격을 주는 것이 '기독교복음' 이라고 했습니다.

이 복음을 듣는 자의 삶을 뒤흔들어 놓기도 하고요.

'십자가의 도가 멸망하는 자들에게는 미련한 것이요 구원을 받는 우리에게는 하나님의 능력이라(고린도 전서 1:18)'

우리 아버지가 지으신 이 아름다운 세상, 특히 요즘처럼 여기저

기 예쁜 꽃들이 우리를 얼마나 기뻐하며 반겨주고 있는지!

어제 퇴근하면서 꽃을 쳐다보면서 전도실천현장을 머리를 굴리면서 어디가 꽃이 제일 많이 피었을까 하면서 말입니다.

많은 사람들이 꽃이 핀 곳을 찾아 여기저기 놀러다닐 때에 우리는 동명의 동산에서 모여 주님을 찬양하고 전도 실천하기 위해 공부를 하고 얼마나 감사한지요.

주님이 우리를 보시고 너희들이 꽃보다 아름답다 라고 하실것 같아요. 예쁜 꽃이 피워있는 현장보다 전도할 수 있는 현장을 더 사모하는 우리모두 되게 하소서!

오늘도 직장, 가정 등 삶의 현장에서 아름다운 꽃과 같이 빛날 수 있도록 저희를 도우소서 주여!

꽃보다 아름다운 사람들의 전도현장! 생명을 구원하는 현장에 불러주심에 감사드리며 두 번째, 경험하는 전도 현장에 성령의 기름 부으심이 넘치게 하소서! 갈급하고 복음이 필요한 영혼을 꼭 만나게 인도해 주소서!"

이와 같이 영혼을 사랑하는 직장선교대학 간사의 발길에 하나님의 크신 은총과 사랑이 언제나 함께 하시길 두손을 모아 본다.

어떤 할아버지의 미소

2009년 3월 21일에 있었던 일이다.

수원행 전철 안에서 다음 정거장이 되면 내리려고 벌써 한 정거장 전부터 일어서서 준비하는 어느 할아버지를 보았다.

거의 웃음이 없이 서 있었다. 어떻게 사셨을까?

웃음이 전혀 없으신 할아버지를 물끄러미 바라보고 있었다. 이상하게 할아버지를 처음 보면서 속으로 생각하기를 그런데 이 할아버지는 오래 살지 못할 것 같은 생각이 들었다. 왜냐하면 많이 늙으셨고 허리도 굽었다. 그때 내 머리를 스치는 생각이 그런데 할아버지 예수님 안 믿고 돌아가시면 어떻게 하지? 하는 생각이 들었다.

직장선교대학 훈련을 받았기 때문에 습관적으로 공원 벤츠에 혼자 앉아있는 분이나 연세 많으신 분을 대하면 예수님 믿고 계실까? 하는 생각이 먼저 들곤 한다. 그리고 다가가고 싶다. 사영리 책자를 들고서...

그 때 전철 승객 중 어떤 분이 창밖을 내다보며 벌써 개나리가 피었네 하는 것이었다.

그러자 벌써부터 일어서 계신 할아버지가 개나리라는 말을 듣고 활짝 웃으시면서 이렇게 말씀 하였다.

"필 때는 됐다 그런데 부활절이 안 지났는데 벌써 피었냐"고 하시면서 거들었다. 아마 일행이었던 모양이다.

얼마나 반가운지 나도 모르게 할아버지를 물끄러미 다시 바라보면서 나는 말했다.

"할아버지 부활절이 다가오지요. 할아버지도 교회 다니시군요?" 하고 말을 건넸다. 할아버지는 갑자기 웃음띤 얼굴에 생기가 돌면서 "나 장로야" 하시며 자랑스럽게 말씀하시던 모습을 수년이 지난 지금도 잊을 수가 없다.

예수 그리스도를 모르면 세상의 이렇다 할 그 어떤 학문을 한 사람과도 뛰어난 과학자와도 대화가 통하지 않을 부활절 사건을 도대체 얘깃거리가 있을 수도 없고 나눌 수도 없는 할아버지와 나눈 대화를 떠올리며 2주 앞으로 다가올 부활절의 의미를 생각하며 벌써 하늘나라의 백성으로서 자유와 기쁨이 전이되어 내 입가에는 미소가 떠올랐다.

나는 아마도 앞으로 개나리가 피는 계절이 오면 전동차 안에서 만난 그 할아버지의 미소와 함께 부활절이 저절로 떠오르는 추억을 갖게 되었다.

특별한 만남

회자정리(會者定離)는 우리의 일상에서 만나고 헤어짐이 무수히 이뤄지는 것을 말하는 것이기도 하다. 일찍이 직장 생활을 시작했기 때문에 나는 많은 만남을 통해 교훈을 얻고 새로운 세상의 이치를 배우게 되었다. 일상의 만남에서 특별한 만남은 오래토록 기억 되고 마음 깊이 간직하게 되는 것이 인지상정 인 것 같다. 나의 만남 중에서 아주 특별한 만남을 얘기 하려고 한다.

2017년 나에게 그토록 기다리던 새해가 밝았다. 매년 이 때가 되면 찾아오는 새해를 기다린다고 표현하는 것은 나는 새해가 되면 다른 사람보다 기대를 많이 하기 때문이다. 올해는 어느 해보다 기대와 희망으로 맞이한 새해이다.

한전 하남지사에 연하장 한 장이 배달되었다. 미국에서 날아온 것이다. 스티브(한국명 임종덕)박사님께서 보내주셨다. 연배

로나 사회적 위치로 볼 때 감히 내가 먼저 연하장을 받을 수 있는 위치가 아니다. 연하장을 붙들고 감사기도를 드리니 나도 모르게 눈물이 주르륵 흐른다. 모든 소망이 응답받는 한해가 되고 즐거운 새해가 되기를 축원해 주시는 임종덕 박사님의 깊은 마음의 글의 의미를 나는 알고 있기 때문이다. 나 또한 꼭 응답받고 싶은 2017년이기도 하다.

박사님을 뵙게 된 것은 오래된 것은 아니지만 내 사정을 들으신 후부터 계속해서 기도해 주시고 격려해 주시는 사랑, 바로 이것이 주님의 은총으로 누리는 하나님 자녀들의 아름다운 만남이라고 생각한다. 이상하게도 첫 만남의 시간이 무려 다섯 시간이 넘도록 말씀하시는 가운데 깊이 빠져 들어갔다. 임종덕 박사님의 귀한 삶이 역사의 획을 그을만한 굵직한 성과를 냉철한 지혜로 이루어 내심에 감탄의 연속이었다.

병이 들었으나 치료할 돈이 없어 죽어가는 고아들을 돕기 위한 몸부림부터 시작하여 하버드대 정치학박사로 미 백악관에서 대통령 네 분의 안보비서관으로 활약하신 일이며 권총살인 게임(룰렛게임)으로 죽을 고비에서 하나님의 도우심으로 살아난 기적 같은 삶을 '디어헌터'라는 세계를 감동시킨 영화의 소재인 삶을 사신 박사님과의 만남은 너무나 소중하다. 지금은 오직 이웃을 위하고 동양의 평화와 안보를 위해 날마다 필요한 구석을 찾아 겸손하게 실천하는 발걸음마다 주님의 닮은 모습에 감동하게 되었다.

이토록 귀한 분과의 아주 특별한 만남을 내 평생 간직하며 내 인생에 가장 힘들 때 기도해주신 진정한 사랑과 따뜻함을 천국에까지 가져가고 싶다.

또 하나 특별한 만남 이야기이다.

나는 몇 년 전 한 젊은 중년신사 한분을 만나서 오붓한 저녁만찬을 즐기며 담소를 나눴다.

중년신사의 말이 나의 귓전을 때렸다.

나는 자본주의 시스템으로 우리 모두 성공의 발자취를 남기며 잘살아가고 있다고 생각했는데… 그분의 말에 의하면 자본주의 시스템이 잘못되어 많은 사람들의 삶을 빼앗아 난도질 하고 있단다.

노동을 하면 재화를 얻는다는 자본주의의 근본이 잘못되었다고도 한다. 기본수입은 노동이 없어도 항상 가져가야 하며(부족한 것은 일꾼인 공무원이 보충해야 한다고도 함). 자기의 재능과 꿈을 살찌우며 사는 사회가 되어야 한다고도 한다.

설명하는 내용이 논리 정연하다.

사람은 이 땅에 태어날 때 자기 몫의 복을 가지고 태어난다고도 한다.

첫째, 능력을 주었단다. 다시 말해 평생 먹고 살 재물 복이란다.

둘째, 꿈을 주었다고 한다. 그래서 자기가 하고 싶은 일을 하고 살아야 행복한 삶을 연출한단다.

셋째, 자유의지를 주었다고도 한다. 창조주가 자신처럼 살아가라고 그의 형상대로 만들어서 자유의지를 주었고, 간섭하지 않고 오직 자신만의 삶을 연출하는 장으로 세상을 주었단다.

나는 물었다.

“누구나 세상에서 마음껏 꿈을 펼치며 물질에 어려움 없이 풍족하게 살아갈 수 있는 진정한 자본주의 시스템을 갖춘 그런 세상이 과연 올까요?”

“자본주의 시스템의 종말이 왔으니 새로운 사회 시스템이 나올 거라”고 한다. (로마 교황청에서 2013년도에 자본주의가 잘못되었으니 개혁해야 한다고 대대적으로 뉴스가 나왔다고 하며 열 사람이 가진 돈이 당시기준으로 지구촌 50억 인구가 가진 돈보다 많다고 한다.)

그것도 가까운 시일 내에 나올 거라고 한다.

특이한 기인이라 생각되며 내 뇌리에 지금도 생생하다.

백자에 얽힌 사연

이천에서 근무할 때 일이다. 2014년도 10월 17일 금요일 저녁이었다. 여느 때처럼 주말이어서 사택에서 몇 가지 짐을 챙겨 집으로 가는 길이었다. 문득 출발해 가다가 출발 전 늘 하는 기도를 하고 출발했는지를 점검해본 날 이었다. 당연 기도하고 출발했다는 것을 기억해 내고 찬송을 부르며 주행하였다. 동원대학교 입구를 막 지날 무렵이었다. 2차선에서 진행하던 차가 1차선에 달리고 있는 내차의 옆부분을 쾅! 하며 사정없이 부딪쳤다.

순간 깜짝 놀라 핸들을 꽉 붙잡고 그대로 100미터쯤 지나 가까스로 떨리는 마음을 진정시킬 수가 있었다. 큰 사고를 당했다는 생각이 스치는 순간 엉겁결에 차를 세웠다.

아무생각도 나지 않았으나 일단 차에서 내려서 사고 난 지점으로 갔다. 가보니 사고를 낸 차량은 온데간데 없고 어떻게 수습할지를 몰라 한참을 서성이고 있는데 내 차의 뒤를 따라와 목격했던 분이라며 다가와서 사고 경유를 말해 주는 것이 아닌가. 사고를 낸 차가 중앙선을 넘어 산 쪽으로 도주하는 것을 목격자가 가해차를 한참을 따라가 경찰에 신고하고 돌아오는 길이라고 했다.

조금 후에 경찰차가 왔다. 내가 뺑소니 사고를 당한 것이다. 마침 출발 전 기도 덕분으로 충성스런 목격자분을 미리 준비 해주었고 책임감 있게 신고까지 해준 덕으로 꼼짝없이 내 과실로 처리할 수 밖에 없었던 것을 막을 수 있었다.

잠시 뒤 곤지암 파출소에 들러 목격자가 제공한 블랙박스를 보니 정말 위험한 상황이었고 경찰이 운전을 침착하게 잘 하였다고 하는 말도 해주었다. 대형사고로 이어질 뻔 한 아찔한 사고였다. 주말이라 오고가는 차가 많았고 그곳은 평소 교통사고가 자주 나는 지역 이었다.

다음날 경찰서로부터 연락이 왔다. 사고차량 주인이 자수해 왔다는 것이다. 주말이 지나고 월요일에는 사고 낸 차량의 보험사 직원으로부터 또 한통의 전화를 받았다.

내가 그 보험사 쪽에는 가해자로 되어 있는데 사고운전자는 본인이 1차선에서 달리고 있는데 2차선의 내차가 들이 받았다고 하는데 사고운전자 차량의 왼쪽 부분이 파손되어 있어 도무지 이해가 안 간다는 것이다.

사고를 내고 도망친 대다가 지금 와서 나를 가해자로 만든 그 사람이 너무나 괘씸한 생각이 들었다. 아픈 허리를 직장 앞 정형외과에 나의 부담으로 하려고 일반 환자로 치료를 받았는데 바로 교통사고 건으로 접수를 정정하였다.

그날 저녁 떨리는 목소리로 전화가 왔다. 이제야 경찰서에 본인이 뺑소니 운전자로 되어있는 것을 알게 된 것 같다. 한번만 만나 달라고 했다. 얼굴도 보고 싶지 않아 안 된다고 단호하게 거절했다. 그러나 너무나 여러 번 간절히 부탁을 해서 하는 수 없이 만나게 되었다. 만나 보니 아픈 가정사정이 있었고 순간의 착오로 일이 크게 된 셈이었다.

음주운전에 뺑소니사고 운전자이면서 그것도 나를 가해자로 만든 그 사람에게 무슨 말부터 꺼내야 좋을지 고민하다가 모르는 사람에게 가끔 하는 것처럼 첫 질문이 혹시 '예수님 믿으세요?'였다. 믿기는 했는데 지금은 교회를 안다닌다고 했다. 가정에 여러가지 어려움이 있게 되어 세상에 실망하고 친구와 술 한 잔 하고 운전하다 이런 사고를 내게 되었다는 것이다.

이상하게 그럴 것만 같은 느낌이 들었는데 맞았다. 약속을 했다. 다시는 음주운전 하지 말 것과 꼭 예수님을 믿으라는 거였다. 그것만 지킨다면 아무조건 없이 원하는 대로 합의해 주겠다고 했고 교회를 꼭 다시 찾아가라고 다짐을 받아냈다. 그는 그렇게 하겠다고 약속했다.

나중에 들은 말 이지만 주변에서 좋은 사람만나서 일이 너무

쉽게 풀려 감사하다하며 이일이 잘 안되면 세상을 살아갈 마음조차 없어 고민하다가 마지막으로 내게 연락을 한 것 이라고 했다.

그 후 이 사고처리를 하기 위해서는 가해자를 한 번 더 만나야만 했다. 경찰서에 가야하는 것이다. 태어나서 처음으로 내 업무로 경찰서를 찾았다. 그것도 다시 만나고 싶지도 않은 사람하고 함께 였다.

내 차가 수리하러 간 것을 알기에 사고를 낸 가해자가 자기차로 경찰서까지 가자는 것을 굳이 마다하는데도 막무가내로 같이 가자고 하는 것이었다. 내키지 않은 마음으로 사고 낸 차를 타고 사고난 지점을 지날 때의 그 기분은 당해보지 않으면 모를 것이다.

경찰서에 도착해 합의서에 이렇게 썼다.

"자수도 했고 부득이 급한 일 있어 수습하고 가면 늦을 것 같아 지름길로 돌아간 것이니 형제간이라 생각하고 선처해달라" 부탁까지 해서 합의서를 제출하니 경찰이 내 얼굴을 한번 쳐다보는 것이었다. 그렇게 내 임무를 마치고 사고 운전자를 남겨둔 채 돌아왔다. 다시는 그 사람을 보고 싶지 않았다. 다음날 연락이 왔다.

잠깐이면 된다고 다른 할 말이 남았다고 해서 어쩔수 없이 나갔다. 커피숍에 마주앉아 나는 다른 할 말이 없어 더 내가 도와줄 것 있느냐 물었더니 더는 없다고 해서 처음 약속한 부분 이 땅에 살고 있을 때 잘 지켜서 이 삶 다하고 난 후 천국에서 꼭 만나자고 하며 일어서려고 하는데 의자 아래서 무엇인가를 들어 올린다.

자기가 가지고 있는 것 중에서 제일 귀하게 여기는 물건이라고 한다.

둥그렇게 생긴 예쁜백자 였다. 이천은 도자기 고장이다. 형편이 가장 좋을 때 구해놓았던 작품인데 이것을 꼭 주고 싶어 가져왔다고 한다. 내차는 비록 많이 망가졌지만 보험사에서 최대한 회복시켜 줄 것이기에 받지 않겠다고 사양했다. 그리고 최소한의 보상은 이미 받았었다. 그리고 천하보다 귀한 한 영혼이 이 일을 계기로 예수님 앞으로 돌아간다고 하니 이 얼마나 감사하고 기쁜 일인데… 그 약속 지켜주기만을 바란다고도 했다.

한참을 옥신각신 하다가 이 사건에 내가 합의해 주지 않았다면 이 세상에 살고 싶지 않아 어떤 행동을 했을지 모른다고도 하면서 마음이 담긴 것이니 꼭 받아 달라고 애원하듯 조심스레 말하는 것이었다.

더욱이나 그냥 쉽게 살 수 있는 도자기가 아니라고 말했다. 더욱 그 값진 것을 그냥 받을 수 없다고 하며 몇 번을 더 계속하다가 커피 샵을 나와 버렸다. 그런데 그 사람은 내가 가고 있는 도로에 그냥 도자기를 놔두고 서둘러 떠나 버렸다.

그것이 그분의 마지막 모습이다. 지금은 어디에서 살고 있는지? 나와 약속한 것처럼 교회를 찾아가서 예수님을 믿고 있는지 알 수도 연락도 할 수 없지만 그가 나와 한 약속을 지킬 것이라고 나는 믿고 있다.

적어도 본인이 가장 귀하게 생각하고 있는 그 백자를 갖고 왔을 때 그리고 그 백자는 이 세상을 다시 힘을 내어 살아가게 지켜

준 분에게 드리는 것으로 받아 달라는 말과 함께 수줍게 내미는 마음의 소유자라면 처음 만날 때 부탁했던 두 가지의 약속만은 꼭 지킬 것 이라고 생각한다.

두 해도 훨씬 지난 지금은 그 백자를 생각하면 그 백자는 아직도 내가 간직하기에는 마음이 무겁다. 그 후 백자를 한 번도 열어 본 적도 없다. 가슴이 아플 것 같아서였다. 그 백자 또한 나에게도 그날의 상황이 지울 수 없는 것이 있기 때문이다.

너무나 복잡한 도로에서 당황한 나머지 균형을 잃고 핸들을 놓치는 실수를 했더라면 나의 생명도 위험에 처할 뻔 했던 것이다.

차가 많이 흔들린 동영상이 증거로 말해주듯이 주말인데다 좌우에 차들이 꽤 많은 시간이었고 그런 복잡한 도로에서 겪은 일이 아직도 잊혀지지 않는다.

이제는 꼭 두사람의 생명을 담보로 하는 것 같은 느낌을 간직한 소중한 백자의 새로운 주인을 찾고 싶다. 그 새 주인은 새 생명의 활력과 이웃사랑과 더불어 이 땅에서 사는 동안 "빛을 향한 영원한 노래" 를 부를 줄 아는 주인공이 될 것 같아서 이다.

이웃 사랑에 눈뜨다

1997년 늦가을 어느날 아침 출근준비를 하고 있을 때 어디선가 피아노 소리가 들려왔다. 대충 어디쯤에서 나온 소리인가 짐작하고 퇴근 후 들려야겠다고 마음먹었다. 얼마 전부터 강당에서 직장 선교예배를 드리는데 피아노 반주자가 없어서 아쉬운 마음이 있었다. 찬송가만 피아노로 칠 수 있다면 훨씬 풍성한 예배를 드릴 수 있을 것 같은 마음에 피아노를 배워야겠다고 생각했다. 퇴근 후 피아노 교습소를 찾았다. 바로 우리 집 건너편 안쪽에 자리잡고 있는 "샬롬" 이라는 간판을 단 피아노레슨을 하는 곳이었다.

집안에 들어서니 마침 피아노 선생님이 반가이 맞아주시며 나를 알고 있다고 하였다. 우리는 하나님을 믿는 사람이었다. 얼마나 반가웠는지 이웃이기도 하고 찬송가를 잘 칠 수 있게 피아노를 가르쳐 주겠다고도 한다. 대화를 이것저것 나누는 것을 시작으로 그때부터 피아노 레슨을 시작하게 되었다. 그런데 피아노는 30분정도 치면 대화는 3시간 정도 하고 돌아왔다. 나중에 알게 된 일인데 그분은 내가 찾아 갔을 때 하나님께 기도를 하고 난 직후 였다고 한다. 어려운 사정을 아뢰고 도와달라고 기도를 드리고 막 마치고 있었는데 내가 밖에서 계세요? 하며 말을 걸어온 첫 사람이어서 하나님께서 보내주셨다 생각하고 반가워하며 보자마자 시작부터 본인 사정에 얽힌 이야기를 듣게 되었다.

십년동안 한 골목에 그렇게 살았는데 전혀 모르고 살았던 사람끼리 그렇게 만나게 된 것이다. 그 날 이후로 그 선생님과의 인연은

시작되었고 이렇게 어려움을 당하고 살 수 있을까 하는 아픔을 겪으며 살아가는 생생한 모습을 가까이서 지켜 볼 수가 있었다.

샬롬피아노 원장의 아버지가 고등학교 교장으로 퇴직하실 때까지는 형편이 괜찮았다고 했다. 부모가 돌아가신 후 건물만 있는 집을 물려 주셨는데 집을 갖고 있기 어려운 일이 생겨서 힘들어하는 모습을 보게 되었다. 함께 기도제목을 나누며 어느 하루도 나를 위해 기도하심을 쉬지 않는다고 말해줘서 함께 기대하며 살아가게 되었다.

그분을 만나게 된 이후부터 오직 우리 가족만 생각하고 살아왔던 내게는 새로운 환경의 사람을 만나게 된 셈이다.

원했던 찬송가를 칠 수 있는 피아노 실력은 쌓아가지 않고 여러달 가까이 자주 만났지만 주로 대화만 하는 관계를 유지했다. 그 분은 가까운 사람에게 고리의 이자를 감당하다 결국 집이 넘어가게 된 것이다. 당시 이천만원 때문에 집에서 쫓겨나 월세로 들어가는 것을 보았다. 그 집이 넘어 가는 날 얼마나 울었는지 모른다. 어떻게든 그 돈을 마련해 집을 붙들게 도움을 주어야 했는데 헐값에 넘어가는 것을 바라만 보는 것이 말로만 이웃사랑을 외치는 것 같아 하나님의 자녀로서 부끄럽고 너무나 가슴이 아파서 많이 울었다. 그때를 생각하면 지금도 많이 아쉽다.

그 뒤 계속해서 어렵게 지내는 것을 보고 뒤늦게나마 깨닫고 생각이 있는 지인들과 합하여 천만원을 모금해 드릴 수 있어서 그나마 위로가 되었다.

1997년도 당시는 모금하기에 결코 적지 않은 금액 일수도 있다.

모금에 동참한 사람 이름과 참여 금액을 적어주었는데 얼마나 붙들고 기도했는지 종이가 너덜너덜 해졌다고 한다. 이웃의 아픔에 조금이라도 동참했던 것에 불과하지만 기회가 되면 앞으로 어려운 이웃에 사랑을 전하고 싶다.

내가 꼭 하고 싶은 일

2008년 8월 15일부터 17일까지 강남금식기도원으로 휴가 떠날 때 기도제목은 나의 인생 후반부를 준비한다는 거창한 마음을 먹고 삼일동안 온전한 금식을 하기로 작정하고 출발했는데 금식 다섯끼 하고 힘들어 죽는 줄 알았다.

몸에 열이 나고 힘이 없고 감기 증세가 와서 포기하고 돌아와 버렸다. 그 때는 꼭 기도원에 가야만 영적인 재충전을 하는 것으로 생각하던 때이고 사실 그 당시 다녔던 교회에서 다 채워주지 못해 필요하기도 했다.

그 때 기도원 가서 그나마 후반부를 계획하게 되었음을 뿌듯하다고도 적어 두었던 것을 옮겨 본다. 그러나 그로부터 달라진 것도 별로 없었고 이루어 놓은 것도 없이 단지 시간은 흘러 그 후 4년이 지난 2012년 9월 9일 주일이었다.

주일 오전 예배와 오후 예배 마치고 근무지인 옥천으로 향하다가 옥천IC로 도착할 무렵 문득 저녁예배를 드리고 싶은 간절한 마음 덕분인지 우연히도 평소에 없던 지역에 불이 켜있는 십자가를 보고 찾아간 교회가 경기도 광주시에 있는 주님제일교회의 지교회였다. 그날 이후 너무나 아름다운 곳에 자리 잡고 예비 되어진 곳으로 생각되어 등록해 초신자 같은 마음으로 즐겁게 신앙생활을 하고 있다. 옥천에 지 교회가 그곳에 세워진 지 몇 주 안 되어 주님의 인도하심으로 찾게 된 덕분이라는 생각을 한다.

지금 몇 년이 지나 생각해도 오직 주님의 은혜이었음을 감사한다. 그곳으로 발령받지 않았다면 전혀 알 수가 없었을 것이다.

이사야 43장 21절에 우리를 지으신 목적이 '하나님께 찬양을 부르기 위함이다' 고 나와 있다. 주일에는 찬양을 한 시간을 드림에 감사하고 말씀을 영적으로 깊게 풀어 말씀을 전해주시는 목사님께 감사한다. 그동안 알지 못한 영적인 예배를 드리며 새롭게 변화된 그리스도인으로서 삶을 준비하게 해주는 실천신앙이 내 인생의 후반부에 어떻게 살아가야 함을 정확히 인도받고 있다.

'네 영혼이 잘 됨같이 범사에 잘되고 강건하기를 간구' 하며 주님의 말씀을 받아 영혼이 잘 되기 위한 '성령의 능력으로 열매 맺는 교회'가 표어인 귀한 교회로 인도해 주신 하나님께 감사하며 내가 교회를 위해 할 일을 찾아 교회에 보탬이 되어 천국 가는 그날까지 낮은 곳에서 섬기는 일을 하고 싶다.

또 직장에서 은퇴하고 난 이후는 시간도 그렇게 쫓기지 않을 터이니 여유를 갖고 이웃을 돌아보는 일에 시간을 많이 할애 하려고 한다.

대략 25년 전 수원에서 근무할 때이다. 지금은 학교에서 대부분 급식을 하므로 문제되지 않지만 그 시절에는 점심 도시락을 못 싸오는 아이들이 있는데 그들은 점심시간에 학교 운동장을 배회 한다거나 복도에서 지낸다는 뉴스를 접한 적이 있어서 너무 마음이 아팠다.

그래서 직장근처 지동 초등학교에 점심시간을 이용하여 혼자 찾았다.

사랑하는 자여
네 영혼이 잘됨 같이
네가 범사에 잘되고
강건하기를
내가 간구하노라
-요한삼서 1장 2절-

교감 선생님을 만났다. 점심 못 먹은 아이를 소개해 달라 하여 부모가 없어 할머니가 키우고 있는 당시 4학년과 6학년인 남매를 소개 받았다.

이제 함께 이 아이들을 돌봐줄 천사가 필요했다. 직장에 돌아와 동료이면서 기독선교회원 중에서 자매로 가장 믿음이 신실하고 예쁘고 마음씨 고운 세 명을 택해 자초지종을 말했다. 지금은 이렇게 소박하게 시작하지만 나중에는 점점 인원을 늘려 나갈 것이고 규모를 키워 직장 안에서 시간과 정성을 조금씩 모아 학교에서 다 돌보지 못한 그들을 돕자고 하니 모두 한마음이 되어 주었다.

이렇게 돕는 일이 시작되어 여자아이를 처음 만나보니 산발머리에 얼마동안 감지 않은 듯 지저분하고 냄새가 났다.

먼저 한 일이 미장원에 데려가 커트를 해주었는데 그 아이는 펑펑 울었다.

깜짝 놀라 뭔가 잘못 되었나 물어보니 여자아이라 본인이 봐도 예뻐져서 너무 좋아서 운다고 솔직하게 말하는 것이었다. 그 우는 아이의 오빠에게는 돈을 손에 쥐어 목욕탕을 보내는 것으로 돕는 일을 시작하였다. 가만히 생각해보니 이 아이들을 보살피려면 돈이 필요했다. 머리를 쓰기로 했다.

겨울이 시작될 무렵 남대문시장에 가서 1000원에 팔고 있는 다섯 손가락장갑을 부모 없고 가난한 아이들을 도우려 한다고 하니 400원에 도매로 주었다.

250여명 되는 사무실에 가장 높은 상사부터 장갑을 팔기 시작했다. 적지 않은 금액을 선뜻 내주었고, 대부분의 간부와 직원들이 장갑을 판매가격 이상으로 사주어 원금을 제 하고도 120만원 정도가 남았던 것으로 기억된다.

이제 주머니가 든든해 그 아이 둘을 데리고 어린이날에는 수원에서 가까운 에버랜드에 데리고 갔고, 인천의 어느 섬에 갔던 일도 기억에 남아있다.

무엇보다 이들에게 꿈을 심어주기 위해 사무실에 가끔 데려와 공부 열심히 하라고 격려해 주었다.

가장 중요한 것은 모든 것을 갖추었다 해도 잠시 동안 살 때뿐인 이 세상이 끝이 아님을 알아야 한다. “한번 죽는 것은 사람에게 정해진 것이고, 그 후에는 심판이 있다(히9:27)”는 것을 알기에 교회에 데리고 가서 예수님을 알게 해주었다.

지금은 어디에 살고 있고 얼마나 성장했으며 어디서 무얼 하고 지내는지 궁금하다. 이름도 기억나지 않고 단지 미장원에서 머리 자른 후 울었던 여자아이 얼굴만 어렴풋이 생각난다.

이제 그들도 나처럼 어릴 적 함께했던 시간을 결코 평생 잊지 못할 것이라고 생각하며, 그때 마침 함께한 직장동료가 우연한 기회로 다시 함께 근무하게 되면서 옛 생각이 나서 그 시절에 끝까지 돌보아주지 못한 책임감 때문에 자책하였다. 다시 그때의 각오로 기회가 되면 어떤 방법으로든 어린 아이들을 대상으로 나의 손길이 필요한 구석을 찾아보고 싶다.

그런 일을 제대로 하려면 분명 재정적인 지원이 뒷받침 되어야 할 것이기에 합력하여 선을 이룰 손길을 모아 주실 것을 기대해 본다. 그동안 주님이 나를 물질 면으로 오랫동안 시험한 부분에서 점검 받아 통과되면 분명 지경을 넓혀 주시고 물질로 제대로 섬길 수 있는 기회를 주시어 계속 쓰임받기를 간절히 소망한다.

또한 그 동안 해보지 못한 구석구석에 내가 할 수 있고 해야 할 필요한 것이 무엇인지 시간을 두고 찾아 보아야겠다.

특별히 물질로 어려움을 겪고 있는 성도와 이웃을 향한 사랑에 먼저 관심을 갖고 헌신하고 싶다. 재정적으로 어려운 이웃과 1인 가족이나 어린영혼을 위해 섬기고 봉사하는 일에 관심이 많다. 또 필요한 선교지에도 가보고 싶다.

이 땅에 남은 나의 인생의 후반부의 삶이 앞으로 얼마일지 가늠할 수는 없지만 주어지는 시간에 최선을 다하고 싶다.

한 영혼을 천하보다 귀하게 여기시는 주님의 말씀을 따라서 영혼을 향한 사랑을 나눠야 할 사명을 실천하기를 다시한번 다짐한다.

그래서 물질 만능주의와 자신만 생각하는 이기적인 생각에서 벗어나 진정한 이웃과의 아픔을 함께 나누고 따뜻한 마음으로 다가가는 형제의 사랑을 작게나마 실천하기 위해 지금부터 기도로 준비해야겠다.

이 찬양 가사는 낙엽이 떨어지는 2016년 가을 어느 토요일 집에서 문득 떠올라 옮겨 적으며 찬양을 부르는데 처음부터 끝까지 눈물이 흐른다.

1. 이 풍진 세상을 만났으니 우리 할 일이 무엇인가
믿음과 소망과 사랑 중에 제일은 사랑이라.
후렴 : 형제여 서로 사랑하자 우리 서로 사랑하자
사랑의 주님 계명 지켜 힘써서 사랑하자.

2. 하나님은 곧 사랑이요 주 예수님도 사랑이라
성령 받은자 큰 증거는 온전한 사랑이라

3. 사랑은 항상 오래 참고 또한 참으로 온유하며
사랑은 시기하지 않고 자랑하지 아니하네

4. 사랑은 교만하지 않고 또한 무례히 행동 않고
자기유익을 구치 않고 성내지 아니하네

5. 사랑은 남의 악한 것을 기억하지도 아니하며
불의한 것을 기뻐않고 진리로 기뻐하네.

6. 사랑은 모든 일에 참고 또한 범사에 믿으며
범사에 항상 바라면서 범사에 견디도다."

구구절절 1절에서 6절 까지 나의 남은 삶의 후반부에 대한 나의 태도와 우리 후손들에게 주고 싶은 메시지가 담겨 있다고 본다.

특히 후렴부분에서 많은 눈물을 흘렸다. 원래부터 단순하고 절대 긍정적 마인드와 밝은 성격 탓에 모든 것을 선하게 여기며 살아온 날에 조용히 감사할 뿐이다.

셋째묶음

나의 고백

연탄가스 중독으로 산소마스크를 쓰고

1988년 가을 나는 경기도 수원에 살았다. 수원역에서 도보로 10분거리여서 교통이 편리하고 방이 여러개 있는 집이었다. 대가족이다 보니 방 네개는 우리 가족이 쓰고 세개는 세를 내주는 여건이었다. 평소와 같이 간부고시 준비를 하느라 밤 11시 넘어서 집에 들어갔다. 더 늦으면 무서워서 자정은 안 넘기고 들어가곤 했다.

마침 집에는 연탄보일러를 석유 보일러로 바꾸는 공사가 진행중이었다. 그 중 한 집이 이사 간 틈을 타서 우리가 쓰는 방 중에서 두개를 기름보일러로 바꾸는 공사를 하느라 세 놓았던 방에서 네 식구가 한방에서 잠을 자게 되었다.

퇴근하여 처음으로 그 방에 들어갈 때 구수한 냄새가 나는 것을 느끼면서 별 생각 없이 잠이 들었다. 한참 잠을 자는데 꿈속에 앞도 뒤도 안 보이는 끝없이 길게 늘어진 긴 기차에 빈틈없이 많은 사람들이 타고 있었다. 기차 안에 우리가족은 네명이었다. 그날 한방에서 자고 있는 연세 많으신 할머니, 어머니, 여동생, 나까지 네 명 이었다. 기다란 기차를 탔는데 우리식구 외에는 전혀 알지 못한 사람들 뿐이었다. 목적지도 모르는 기차를 타고 가는데 빨리 기차에서 내리라고 야단이었다. 어머니가 강하게 끌어 잡아 당긴다. 도저히 내리고 싶지 않고 몸도 가누기가 힘들고 눈도 떠지지 않은데 억지로 내리게 되었다.

할머니와 여동생은 일어나자마자 바로 쓰러졌다. 정신을 차려 눈을 겨우 떠보니 우리 네 식구가 연탄가스로 중독되었던 것이다. 나중에 안 사실인데 30분이 더 지났더라면 그 당시 신문기사 단골메뉴로 나올 법한 "연탄가스로 일가족 네명 사망" 소식이 기사화 되어 나올뻔한 일이었던 것이다.

누군가가 먹여준 동치미 국물을 마셨고, 우리 네 식구는 구급차에 실려 경기도립병원 응급실에서 하루종일 산소마스크를 쓰고 있었다. 연세 많으신 할머니가 제일 걱정이었다. 깨어나셔야 되는데 이대로 못 일어나시면 하는 불안감에 모든 식구들이 초조했다. 어머니도 평소 건강이 안좋아 마음을 놓을 상황이 아니었다. 나는 온종일 비몽사몽간에 매우 불안한 생각뿐이었다. 모두 정상으로 돌아와야만 한다.

병원에는 어떻게 실려 왔는지 기억도 안 나고 어렴풋이 생각나는 것은 차에 태우기 보다는 밀어 넣다 시피하여 다른 사람들의 힘에 의해서 차에 실려 병원으로 옮겨진 것이다.

그 날 다른 방에서 주무시던 아버지가 서울에 볼일이 있어 일찍 전철 첫차를 타기 위해서 집을 나섰다고 하셨다. 당시는 수원이 전철 출발역이었다. 전철을 타려고 하는데 문득 여동생이 선을 봤는데 어떻게 진행되고 있는지가 생각나서 궁금한 나머지 전철을 타지 않고 공중전화기로 집으로 전화를 하는데 계속 벨이 울려도 전화를 받지 않아 무슨일이 생긴 것이 아닌가 하는 불길한 마음에 집으로 급히 오시게 되었다는 것이다. 집까지는 가까운 거리여서 뛰다시피 하여 집에 도착해 보니 아무것도 모른 채 태연히 그 구수하게 느껴지는 냄새가 연탄가스 인지도 모르고 한방에 함께 자던 네 식구가 이미 시들시들하게 누워있는 것을 발견해서 급하게 병원응급실로 오게 된 것이다.

꼼짝없이 그때 죽을 수밖에 없는 네 식구가 하나님의 은혜로 살게 된 것이다. 급히 서울에 볼일이 있어 가시는 길에 왜 하필 그 이른 아침에 그 일이 그렇게 궁금하게 만든건지 우리를 한순간도 외면하지 않으시고 눈동자 같이 보살피고 계신 주님을 발견하기에 충분한 사건이었다.

만약 서울에 일찍 볼일이 없었다면 아버지는 조금 더 주무셨을 것이고 다른 방에서 자고 있는 식구들을 깨우지도 못했을 것이다. 병원에서 골든타임은 딱 30분이었다고 말했다. 그 30분만 지났다면 우리 네 식구는 벌써 이 세상 사람이 아니었을 것이다. 그때 일은 지금 생각만 해도 등이 오싹하고 생각이 멈춰버릴 것만 같다. 그만큼 큰 충격 이었다. 이 일을 겪은 내가 세상에 무슨 욕심을 부릴 수 있을까? 그리고 그때부터 나는 세상을 하나님께 빌려서 덤으로 다시 살게 되었다는 마음을 갖게 되었다. 나의 할머니는 그 후 5년을 더 사시고 천국으로 가셨다.

다음날 출근하였더니 회사에서 야단이 났다. 죽었다가 살아왔다고 너무나 반가이 맞아주었다.

그 일 이후 나는 많이 달라졌다. 하나님의 은혜가운데 살아간다는 생각밖에 없었다. 하나님께 얼마나 감사했는지 모른다. 주님! 나를 살려 주셔셔 감사합니다.

교통사고에서 살아나다

1997년 11월 7일에 있었던 일이다.

출근할 때면 대문을 나서면서 잠깐 기도하고 가는 습관이 있었는데 그날은 내 침대 모서리를 부여잡고 간절한 기도를 드렸다.

"주님! 오늘 무사히 집에 돌아오게 해주세요. 예수님의 이름으로 기도합니다." 출근해서 사적인 일이 갑자기 생겨서 휴가를 내고 고속도로 천안IC를 막 지날 즈음이었다. 2차선에서 달리던 차가 갑자기 1차선으로 들어왔다. 그 차가 바로 내가 탄 차와 부딪쳤다. 내가 탄 차는 옆으로 휙 튕겨나가 중앙분리대와 꽝! 부딪치더니 몇 번 더 다른 차와 부딪치고 빙글빙글 돌다가 2차선을 지나서 3차선에서 오고 있던 대형고속버스와 다시 충돌하면서 가까스로 3차선에 멈춰섰다. 중앙분리대가 없었다면 바로 반대편 차선으로 가서 즉사할 수밖에 없는 상황이었다. 그때 당시 거기서 불과 몇미터 후 지점부터는 중앙분리대가 없었다.

상대편 차가 부딪쳐 오는 동안 상대차 번호판을 읽으며 온갖 생각이 파노라마처럼 스쳐 지나갔다. 그래도 남들 못지않게 성실하게는 살아왔는데 이렇게 노상에서 허무하게 죽다니 기가 막힐 일이였다. 그 순간 꼭 죽는 줄만 알았고 또 죽을 수밖에 없는 상황이 내 눈앞에서 벌어진 것이다.

죽음은 아주 가까이 있고, 또 나에게도 찾아온다는 것을 알아차렸다. 순간이었고 눈깜짝 할 사이에 벌어진 것이다. 계획된 것도 준비된 것도 아니었다. 그 긴박한 순간에도 이대로 죽으면 천국에 들어 갈 것이라는 생각은 그때도 들었다.

그러나 너무 빠른 것 같았다. 아직 받아들여지지도 않았고 준비도 덜 되었다. 할 일이 남아 있고 나는 젊었다.

순간 제 정신이 아니었고 이미 죽은 목숨이나 다름없는 순간을 경험한 것이다. 잠깐 의식을 놓은 순간의 충격 속에 있을 때 사람 목소리가 들려왔다.

목격자이다. '어! 사람이 살아있네 혹시 교회 다녀요?' 라고 묻는다. 왜 그렇게 묻느냐고 되물으니 "이런 상황에서 꼭 교회 다닌 사람들은 하나님이 살려주었다고 하더라" 면서 본인은 교회 안다닌다는 말도 했다. 그 말을 듣는 순간 제일 먼저 떠오르는 생각이 출근길의 아침기도 였다. 그날 아침 출근길에 침대 붙잡고 집에 무사히 오게 해달라고 태어나서 그런 기도는 처음으로 했던 것이 생각나면서 만약 그 기도를 드리지 않았더라면 나는 어떻게 되었을지 순간 아찔했다. 내가 탄 차는 곧바로 폐차되었고 얼마나 그 충격이 컸던지 몇 개월간 차를 탈수가 없었다. 온 몸이 벌벌 떨렸다. 사고 이후 꼭 8일째 되는 날 오전 10시경 직장에서 근무 중인데 머리가 얼마나 아픈지 죽을 것만 같았다. 병원에서는 한달 간 물리치료를 받을 만큼 큰 충격이라 했는데 한시간 치료받고 말끔하게 나은 뒤 지금까지 괜찮다. 그만큼 대형사고임에도 불구하고 하나님은 그의 자녀를 그 상황에서도 머리털 하나 상하지 않게 지켜 주셨음을 깨닫기에 충분했다.

나는 이미 이 세상 사람이 아니었을 텐데 기도를 들어주신 것을 생각하며 사고수습을 마치고 집에 돌아와 현관문을 열자마자 눈물이 왈칵 쏟아졌다. 기도하지 않고 대문을 나섰다면 이렇게 걸어서 오는 것이 아니라 시체로 왔을지도 모른다는 생각을 했다. 눈물을 줄줄 흘리며 부모님 방문을 열고 이어 남동생 방문을 열어 내가 돌아 왔음을 보여주고 이층으로 올라가 내 방문을 열면서 왼편쪽 위로 바라다보니 오래된 둥그런 벽시계가 보인다.

밤 11시 57분이다. “오늘 무사히 집에 돌아오게 해주세요” 라고 그날 아침 그 자리에서 한 기도를 들어주신 하나님! 온몸에 소름이 끼쳤다. 그 당시는 삐삐시대였다. 손목시계 차는 것을 싫어하고 정신이 없어 시간을 보지도 않았고 그때서야 시간을 확인한 순간이었다.

아직도 주님께 할 일 있어 몇 번의 죽음의 고비에서 건져주시어 세상에 두고 계신 하나님!

그 사고 이 후 내 삶의 태도는 많이 바뀌게 되었다. 이제는 내 인생이 내 마음대로만 되지 않는다는 것을 깨닫게 되었다.

잠시 세상을 빌려 살다가 주인이 돌려 달라하면 반납해야 하는 인생이라는 것을 죽을 고비에서 하나님께 기도한 덕분에 가까스로 생사의 갈림길에서 건짐받은 체험을 통해 알게 되었다.

하나님 믿으세요 꼭 믿으세요

모태신앙이고 더욱 외가쪽으로 5대째 예수님을 믿고 있었음에도 남을 사랑하는 마음과 열정이 부족해서 혼자만 예수 믿고 모르는 사람에게 전도하지 않았었는데 죽음으로부터 탈출된 그 이후부터는 만나는 사람마다 들어만 준다면, 상황이 크게 어긋나지 않은 자리나 기회만 되면 반드시 '예수 믿으라' 는 말을 습관처럼 건네 보게 되었다.

혹시 한 영혼이라도 건질까 싶어서다. 얼마 전에 나와 함께 근무한 직장동료에게 복음을 꺼내 전하니 내가 완전히 달라졌다고 한다.

예전에는 교회 다닌 것 같기는 한데 직장에서 혼자만 직장예배 드리고 본인에게 권유하지 않았다고 한다.

이제는 틈만 나면 나는 이렇게 말하게 되었다.

"하나님 믿으세요. 꼭 믿으세요, 하나님은 살아계십니다. 우리는 잠시 이 땅에 왔다 가는 것이고 하나님이 지켜주시지 않으면 언제든지 무슨 일이 일어날지 모를 지극히 연약한 존재입니다"

기회가 있을때마다 힘주어 말하고 있다.

또한 이 순간에도 말하고 싶다.

예수님은 우리를 위해 이 땅에 오셔서 나를 대신하여 죄 짐을 지고 십자가에 피 흘리시고 돌아 가셔셔 천국 보좌에 계시다가 언제인지 모를 그날에 처소를 준비해 두시고, 도적같이 우리를 데리러 오실 그 날이 언제일는지 모르기 때문에 항상 깨어 준비하며 매순간 동행하는 삶이 필요하다고 말하고 싶다. 아니 목청껏 외치고 싶다.

안수 받고 아픈 허리가 낫다

2013년 1월 옥천에 근무 할 때 있었던 일이다. 허리가 너무 아팠다. 허리에 좋다는 것은 다 해봤는데 아무런 효험이 없었다. 한 달 넘게 치료를 해도 차도가 없어 결국 질병휴가를 내려고 생각하고 금요일에 집으로 올라오는 길에는 도저히 운전할 수 없어 대전에 사는 직원에게 부탁해 대전버스터미널에서 버스를 타야만 했다. 토요일에 마지막으로 허리를 잘 고친다는 서울 강동구에 있는 한의원에서 치료를 받았지만 마찬가지였다.

그렇다면 월요일부터 질병휴가로 들어갈 수밖에 없는 상황이었는데 주일날 교회에서 점심식사 후 안수시간이 있었다. 안수 받게 되면 나을 것 같은 믿음을 갖고 차례를 기다렸다. 일어설 수도 없어서 기어가다 시피 하여 엎드려서 허리에 손을 얹고 안수를 받는데 3분쯤 지났을 때 안수를 하시던 사모님께서 일어나라고 하셨다.

그 말에 나도 모르게 일어서는데 이럴수가!

그렇게 심하게 아프던 허리가 솜털처럼 가볍게 아무렇지도 않을 뿐 아니라 오래전부터 아파왔던 부위까지 다 치료되었는지 아프지 않았다. 가뿐하게 일어서서 똑바로 걸을 수가 있었다.

지금까지 교회와 기도원 등을 다녔으니 죽을병에서 낫는 것을 한 두번 보아왔던 것이 아니지만 내 자신이 이렇게 고침받기는 처음이라 받아들이는데 특별했다. 도저히 믿어지지 않을 만큼 완전했고 감히 상상도 못할 사건이 되었다.

치유의 은사가 신기하기만 하고 사실이구나! 기도로 주님이 함께 하시고 치료해 주시니 이렇게 병이 낫는 것을 내가 체험하게 되면서 솔직히 말해서 이런 능력을 처음으로 경험하게 되었다.

그 후 기도 받고 나은 경험을 여러번 체험도 하면서 살아계신 하나님이 쓰신 사람들을 통해 하늘의 사역이 준비되고 진행됨을 확실하게 알게 되었다.

세상을 빌려 사는 사람

칠 팔 년 전쯤으로 기억되는 어느날 어렵게 지낼 것 같아 후배에게 돈을 조금 송금했더니 "언니도 힘든데…" 라고 문자가 왔다.

맞다. 현재 나는 어느 누구보다 힘든 환경이다. 그런데 실제로는 하나도 힘들지 않다는 마음으로 지내왔다. 어떤 사람보다 나는 희망이 있어 행복한 사람이다.

왜냐하면 나는 이 부분, 물질에 대해서는 하나님과 이미 네트워킹이 형성되어 있음을 확실히 알고 있기 때문이다.

거슬러 올라가 보면 벌써 1997년 국제통화기금(IMF)관리 사태를 지나면서 한참 많은 사람이 어려워하고 있을 1998년도부터 시작하여 2000년도까지 중요한 사건이 진행 되었다. **세상 것 중 일부를 빌리는 일이 시작된 셈이다.**

1998년 9월경 직장동료인 친구에게 연락이 왔다.

친구가 섬기는 본 교회는 너무 멀어서 새벽예배 드리러 가는 교회인데, 교회건축을 해서 재정적으로 너무나 어려운 교회가 있는데 목사님은 40일 금식기도중 이고 사모님을 좀 만나보라고 소개한다. 그렇게 그 교회와 첫 만남이 이루어졌다.

처음 시작은 큰 금액이 아닐지라도 적지 않은 금액을 교회에서 다급하게 필요해서 빌려 달라고 하였다. 가능한 방법으로 세가지를 생각하였다.

일부는 내 이름으로 신용대출을 받는 방법, 부모님의 집을 담보로 빌리는 방법, 금융기관 다니는 동창에게 말해 신용대출을 받게 하는 방법이었다.

이 세가지 방법을 동원하여 긴급자금을 마련하여 드렸더니 우선 시급한 것을 막을 수 있었다고 들었다. 솔직히 그때는 지금 생각하면 너무나 부끄럽고 교만한 마음으로 교회를 크게 짓는 것 자체를 좋게 생각하지 않는 사람이었다. 그런데 교회건축 하는데 관심을 갖게 하신 것이다. 나중에 빌려드린 후 그 교회에 갔는데 얼마나 아름답고 예쁜지 한없이 좋아하고 조금이라도 건축하는데 쓰임받은 것을 생각하며 기쁘기만 했다.

지금도 그때의 상황이 생생하기만 하다.

거실에 부모님과 나란히 가운데 앉았고 아버지는 왼편에 어머니는 오른편에 앉아 계셨다.

이상하게도 이 일이 있는 것은 꼭 내 생각에 하나님이 물질로 나를 시험하신 것 같다고 말을 하였으나 두분은 별말씀을 안하셨던 것으로 기억한다. 당시는 그 정도 빌려드리는 것으로 끝날 줄 알았을 것이고, 나중에 돌려받고 그렇게만 끝나는 것으로 오랫동안 알고 계셨다.

1999년도 11월 하순경이었다. 직장에서 1차 회식을 마치고 집에 가려고 택시를 탔는데 택시 안에는 기독교방송이 너무나 은혜롭게 들려와서 반가운 나머지 기사님께 기독교방송을 틀고 운전하신 것 보니 교회 다니세요? 라고 말을 건넸다. 뜻밖의 말인지

갸우뚱하며 교회 다니지 않고 기독교방송은 더더욱 틀지 않았다고 하였다.

이상하게 생각하고 그 순간 다시 들어보니 두 남녀가 지극히 세속적인 언어로 유머를 나누며 있지 않은가.

그 순간 깜박 잊고 있었던 일이 생각났다. 일 년 전에 내가 돈을 빌려드린 교회에서 성령사역, 은사사역, 영서를 쓰고 각종 은사체험을 하는 분이 인도하는 부흥회가 있으니 꼭 오라고 며칠 전에 들었는데 깜박 잊고 있었던 것이다. 그런데 바로 그날이 부흥회 첫날임을 문득 깨닫게 되어 차를 돌려 그 교회로 가게 된것이 더 깊은 인연이 되었다.

예배는 이미 시작되었고 늦게나마 준비한 헌금을 드렸는데 헌금시간에 일어서라고 한다.

등록교인도 아닌데 내가 이 교회의 기둥이 될 것이라고 하면서 특히 물질부분에 쓰임 받는다고 한다. 내심 기뻤다. 내가 이 교회와는 아무런 상관도 없는 사람인데 어떻게 교회에 쓰임을 받는다는 건지? 일단 그 말을 듣는 것만으로도 기뻤다.

그 후 예배를 마치고 식당에 있는데 나를 불러 목사님 사택으로 올라간 자리에서 부흥강사로부터 즉석에서 4일 후까지 돈이 마련되지 않으면 교회가 이단으로 넘어 갈수 있으니 지난번 빌려 드린 금액보다 훨씬 많은 금액이 있어야 해결 된다고 하면서 가능하다면 꼭 준비해서 건축헌금으로 드리기를 권면했다.

현실적으로는 어떻게 이렇게 큰 금액을 그것도 4일 안에 드리라고 하는 것인가 싶기도 했지만 가슴으로는 중요한 교회일에 내가 지목되고 쓰임 받는다는 것에 너무나 감사하며 단지 어떻게 누구에게 돈을 마련해서 4일안에 가져올 수 있을까만 생각했다.

당시 나에게는 한 푼도 저축이 되어있지 않은 상황이었기 때문이다. 갖고 있는 돈은 없고 빌려와야 한다고 하니 빌려서라도 건축헌금을 드려 이 어려운 교회를 이단으로 넘어가는 것은 반드시 막아야 한다고 했다.

맞다. 이 아름다운 교회가 이단으로 넘어가게 할 수는 없는 것이다.

빌릴 곳을 생각하다가 나와는 절친한 사람이 마침 퇴직금 중간 정산금이 나왔는데 마땅히 투자처를 못찾고 알아보면서 현금으로 갖고 있는 것을 알고 있었다.

빌려서 드리면 되겠다 싶어 너무 기뻐하며 부흥강사님을 통하여 내가 그 일을 하기를 원하신다는 하나님의 명령으로 받아들이고 기쁘게 감당한 것을 지금도 그 느낌까지 생생하게 간직하고 있다.

한참 지난 지금에 와 생각해볼 때 그렇게라도 하여 주님께 헌신하게 되고 그 일 이후 주님의 자녀로서 주님께로 점차 인도되어 가고 있다는 생각을 하게 되었다.

"다른 어떤 성도가 아니고 또 본 교회 교인도 아닌 나에게 이 일을 맡기시다니 너무 감사합니다."

기쁜 마음으로 그렇게 첫번째로 드리는 건축헌금이 시작 되었다.

그 뒤 이어서 본 교회 교인들이 건축헌금을 드리기 시작 했다고 들었다. 그리고 나는 그 교회에 급한 일이 있을 때 이어서 몇 차례 더 헌금을 드렸고 다른 교회보다 훨씬 길었던 부흥회는 끝이 나고 부흥회 이후에도 교회가 어려운 관계로 더 드리기도 했다.

아무 계산 없이 따져볼 생각도 없이 교회가 긴급하게 필요하다고 연락이 오면 어떻게든 빌릴 수만 있으면 먼저 마련하여 드리고 교회재정이 들어오면 다시 받기도 수차례 했던 것으로 기억된다.

지금 생각해보면 어쩌면 내 머리 속에 계산이 밑바닥에 많이 깔려져 있었던 것은 아니었을까 생각해 본다. 내가 이렇게 빌려서 하나님께 드렸는데 나를 가만두시지 않을 거라고…

어쩌면 내가 드린 것의 수배 적게는 삼십 배, 많게는 백배도 주시지 않을까 싶어 기쁘게 드리지 않았을까 생각도 해보았다.

다만 추측이지 그때의 정확한 마음은 모르겠다. 이 부분에서

분명한 것은 당시에 순수한 마음으로 우선 주님께 드려 오로지 교회가 이단으로 넘어가는 것을 막아야 한다는 마음이 컸던것 만큼은 확실하다.

평소에 오직 교회일이면 무조건 순종하는 것이 맞다고 생각하는 사람이었으니까 가능하였다.

또 중요한 것은 건축헌금을 드린 후 그렇게도 오랫동안 힘들게 준비했던 간부시험에서 다음해 3월 합격시켜 주셨다.

부흥회 마치고도 부흥강사가 어느 지역인지 어느 교회인지도 지금은 기억도 나지 않는데 시골의 신축교회의 강대상을 하라고

권유 했을때도 기쁘게 드릴수가 있었던 것 같다. 물론 그 것도 빌려서 드렸다. 이미 드린 것이 많아 채무가 있었기 때문이었다.

또 얼마쯤 지나고는 처음 1998년도에 세가지 방법으로 우선 빌려 드렸던 것까지 나중에는 교회가 계속 너무 어렵기 때문에 그대로 건축헌금으로 떠안게 되었다. 그것도 오직 기쁨으로 감당했다.

부흥강사 두 분과의 관계는 부흥회가 끝난 이후에도 계속 이어졌다.

그 강사분이 안양에서 세를 얻어 교회개척을 한다고 하여 얻을 수 있는 자금이 필요하다고 헌금하라고 할 때도 기쁘게 드렸다.

다음에는 서울에 있는 교회에서 부흥회를 한다고 꼭 오라고 했다.

한강변 뚝섬에 자리 잡은 십자가가 큰 너무나 멋진 교회였다. 거기서는 황소 한마리 가격에 해당하는 헌금에 동참하기도 하였다.

첫 번째 드리는 액수에 비하면 아주 적은 금액이었지만, 이미 빚을 짊어져 있는 상황에서 더 드릴 수 있었던 것은 출근길에 어느 날 평소와 달리 갑자기 크게 눈에 띄게 보이는 상호신용금고에서 마침 필요한 금액의 대출이 되었기 때문이었다. 이 또한 기쁘게 감당했다.

이렇게 나와 교회의 관계에서 세상을 빌리는 마음과 같은 물질관계는 시작이 되었다. 지금 와서 그 시절 드렸던 금액과 지금까지 이자 감당액을 현시세로 추산해 보면 강남의 왠만한 아파트 값이 되는 금액일 것 같다.

도저히 내 월급으로 갚아가기에 힘든 금액인 셈이다.

지금도 생각해보면 다른 사람들은 어떻게 생각할지 모르지만 나는 그렇게라도 주님께 헌신할 수 있었던 것이 그저 감사할 뿐이었다. 나는 죽을 목숨에서 건짐 받아 덤으로 살아가고 있지 않은가 말이다.

어차피 다 주님 것인데 잠시 세상을 빌려 살고 있는데 누가 빌려서 하나님 일을 하면 좀 어떤가!

누구 이름으로 빌리면 어떤가!

오직 그 한마음 주님께 드리고 싶은 마음뿐이었다.

거기에 쓰임 받는다는 것 외에는 더 생각해 보지도 않았다.

지금 그때가 되어 드리라 해도 마찬가지일 것이다. 교회건축은 꼭 필요하고 누군가 부담가는 헌금을 드리는 헌신이 필요하기 때문이다.

"먼저 그의 나라와 그의 의를 구하라 그리하면 이 모든 것을 너희에게 더 하신다(마 6:33)"는 말씀을 믿기 때문이다. 그리고 언제나 내 마음에 항상 간직하고 있다.

가족에게 의논하려고 하지 않은 것은 분명 못하게 했을 것 같아서였다. 이 부분에서는 지금도 너무 죄송하고 가슴이 아프다.

어느 누구에게도 의논한 바 없다. 아무에게도 말하지 않았기에 왜 말리지 않았느냐고 할 수도 없고, 말린다고 해서 듣지도 안했을 것이 분명하기 때문이다. 오직 주님만 아시고 함께 할 뿐이었다.

그리고 하나님께서 오히려 내가 드린 것 보다 넉넉하게 속히 해결해 주시면 그때 부모님께 말씀드리려고 생각했다.

사실은 하나님께 드렸다고. 그래서 그 동안 힘들었다고. 그때부터는 제대로 자식 노릇도 못했다고. 마음껏 드리고 싶은데 못 드렸다고. 그래서 그 오랫동안 직장을 다니면서도 한번도 월급봉투를 집에 보여 드린 적이 없다는 말씀을 드리려고 했다.

처음에는 다 드렸기에 특별히 보여드릴 필요 없이 오직 가족과 함께 했다. 지금 와서는 그것 자체도 인정 못 받고 있는 것 같아 마음 아플 때도 있지만 사실이다.

내 개인적인 소유는 생각지도 않았고 그때나 지금에나 잠시 살아가는 이 세상에서 불편하지 않으면 되고, 카드가 연체되지 않고 사용할 수 있으면 또 감사하다.

삼성동 본사에 근무하느라 서울에 살 때 카드가 막혀 전철 타려는데 통과 안 될 때가 있었다. 나처럼 늘 바쁘게 살아가는 사람으로서 얼마나 불편했는지 겪어보지 않으면 모른다.

지금은 행복하다. 이제 카드가 막히는 일은 절대 안 만들어서 그런 일은 없다.

하나님께서 하루라도 빨리 좋은 일을 만들어 주셔서 해결되기를 간절히 기다린다. 그러나 많이 힘에 겹게 그것도 분에 넘치게 평생직장에 다니며 감당해야 할 금액을 빌려서 드렸다고 내가 생각했던 대로 내 형편 알아서 금방 무턱대고 해결해 주시는 분이 아니다는 것을 깨닫게 하심도 감사하다.

지금 와서 생각하니 어린아이가 칼이 필요하다고 쓸 줄도 모르는 아이에게 칼을 맡기겠는가? 그리고 더러운 그릇에 밥을 주겠는가? 그릇을 깨끗하게 한 뒤 용도를 알고 쓸 줄도 알게 되었을 때는 당연히 넘치도록 주실 것이다. 그때가 지금 이기를, 하루속히 되어지기를 간절히 기대하는 것이다

이제 나는 칼을 쓰는 법을 배우고 익혀 가면서 그릇을 깨끗하게 씻고 또 씻고 있는 중이다. 이 그릇을 씻는 도구는 눈물로 회개 기도하는 것이라는 것을 이제 알게 되었다.

교회개척 자금에 필요한 헌금을 드리고 난 후에 또 이런 일도 있었다. 부흥강사가 개척한 교인 몇 명과 여름수련회를 강원도로 떠난다고 연락이 왔다.

최소한의 자금이 필요하다고 하여 처음에는 안 된다고 했다. 아무리 주님이 해결해 주신다지만 벌써 드린 것 때문에 이자 감당도 점점 무거워지고 더 빌릴 수조차 없는 상황이었다.

부끄러운 말이지만 이때까지 돈의 가치를 나는 잘 몰랐다.

그저 금융권에서 돈을 빌릴 수만 있으면 내 돈이고 쓸 수 있는 것으로 알고 있었다. 이자의 무서움도 잘 몰랐다. 월급타서 갚을 수만 있으면 행복했다.

그런데 두 번 거절 했는데 도저히 다른 방법이 없어서 간절히 부탁을 한다고 했다. 초신자들 때문에 강원도에 봉고라도 빌려서 가야하니 수련회비를 마련해 달라는 것이었다. 다른데는 말할 곳이 없고, 그동안 가족과는 있는 돈 가져다 어려운 교회에 다 드려서 이제는 부탁도 못하고 지낸다고 했다. 그 심정 충분히 알 것

같았다.

그래서 부랴부랴 어렵게 준비해서 드렸더니 감사해 하며 개척 교회 교인 몇분과 함께 강원도로 일주일 계획을 잡고 월요일에 떠나 토요일에 온다고 들었다.

그 후 소식은 모르지만 그때 함께 수련회를 떠난 그분들이 지금도 주안에서 잘 지내기만을 기대한다. 한 영혼이라도 즐겁게 해 주어 예수님을 붙잡게 된 계기가 된다면 아무리 어려운 상황에도 동참하고 싶은 것이 나의 "영혼사랑법"이다.

건축헌금을 드린 후 2년쯤 시간이 흐른 뒤 우연히도 알게 된 전도사님을 통해 돈이 얼마나 필요한 것이며 가치가 어느 정도이고 없으면 얼마나 힘든지를 사실 처음으로 알게 되었다. 백만, 천만, 일억원의 가치를 깨닫게 되었다.

사회 물정도 모르고 오직 직장만 다니는 나에게는 상당히 큰 금액임을 한참 지나고야 알게 되었다. 그러나 한 가지 다행인 것은 그때 돈의 가치와 필요성을 어렴풋이 알게 되었는데도 걱정은 되지 않았다. 전혀 안되었다. 어쩌면 염려 하지도 않았다. 그 전도사님이 내 대신 마음으로 채무를 짊어지고 날마다 걱정이 되어 편히 잠을 잘 수 없어 엎드려 기도해준 중보기도 덕분이었다. 또 돈의 비중과 가치를 일깨워 준 임전도사님이 너무나 고맙다.

세월이 지난 지금에서야 돈의 가치를 잘 알게 되었다. 그동안 살아오면서 겪은 것이 많았다. 돈의 효용을 뼈저리게 느껴봤기 때문이다. 돈을 거래해 보면 그 사람의 인성을 다 알 수 있는 것 까지 알게 되었다.

평소 가깝다고 말하는 친구도, 이웃을 내 몸처럼 사랑해야 한다는 것을 아는 믿음 좋다고 하는 사람도, 평소에는 목회자나 된 것처럼 설교하고 믿음이 좋아 보이던 사람도 돈 앞에서는 전혀 달랐다.

이십년 가까이 어려움을 겪고 살아가지만 지금 이글을 쓰면서도 눈시울이 적셔오고 목이 메이는 것을 참아야만 하는 현실이지만 그동안 근심하며 살지 않았음을 숨기고 싶지 않고 또한 이 모든 것이 주님의 은혜임을 다시 한번 고백한다.

결코 주님은 이렇게 순수한 마음을 갖고 있는 나를 버리시지도 떠나시지도 않으시리라는 것을 너무도 잘 알고 또 믿고 있기 때문이다.

40세가 지나도록 돈의 계산에 앞서 교회 일에 참여함에 감사해 100% 빚을 내어 헌금하면서 그저 기뻐하며 내게 그 일을 감당케 하심만을 감사하며 감당하였다. 기꺼이 드렸고 나중에는 그 빚을 좀 갚아보려고 조금이라도 보탬이 된다고 생각되어 귀가 솔깃해서 개입하다 보면 더욱 진흙탕 속으로 빠져들어 지금은 너무도 힘이 들지만 결코 근심이나 걱정은 하지 않는다. 하나님은 분명히 살아계심을 믿고 의지하며 보이지 않는 곳에서 하나님께 눈물로 호소하고 있기 때문에 들어주실 것을 확실히 믿는 나의 믿음 때문이다. 그 믿음을 주신 하나님께 감사할 뿐이다.

하나님은 아시지요!

제가 하나님 믿고 순수하게 드렸던 것을 …

이자 감당하느라 월급 타서 전부를 다써도 부족 할때가 있을 때가 있지만 내가 주님을 깊이 신뢰하고 있다는 것도.

그리고 남에게 빌려 드린 것 갚느라 부모님 집까지 담보로 빌린것도. 주님 방법으로 때가 되면 그리고 죄를 회개하고 죄 씻음 받으면 눈 녹듯이 해결해 주실 것을 확실하게 알고 있기에 근심하지 않음을 아시지요?

하나님께 그렇게 드리고 난 후 십여년도 더 지난 후 명절에 온 집안 식구가 모인 자리에 나의 현실을 고백하였다. 하나님께 드려 힘들다고… 조용하다. 받아들이는지 제대로 못 들은건지…

설마 그때 그 많은 금액을 드린 것인지를 의아하게 생각한 것 같고 가족의 일이 아니라 남의 일처럼 듣고 있었다는 생각이 든다. 가족에게 밝힌 후 오는 시험조차도 감당할 몫이 더 있는 것으로 알고 부모님께는 초창기와 달리 제대로 해드린 것이 없어 마음이 아프다.

단지 지금 생각해도 이단에 넘어가지 않게 누구라도 드려야 하는데 내가 그렇게라도 먼저 주님께 쓰임 받을 수 있었음에 그저 감사할 뿐이었다. 그 후 주님께서 나를 이 모양 저 모양으로 훈련을 지금까지도 시키시지만 한번도 내가 수치 당하게 하지 않았고 그 힘든 상황을 알게도 아니 하셨다.

물론 나를 도와주어 몇 년 동안이나 이자도 받지 않기도 하고 오직 은행이자만 겨우 받기도 하는 아무나 할 수 없는 일을 그것도 여러 해 동안 해오고 있는 부부도 있다. 또한 최근에 목사안수를 받은 예천에서 목회하고 있는 친구가 새벽기도회 시간에 본인 교회의 교인보다 먼저 나를 위해 기도하며 하나님께 친구 빚 갚으라고 하나님이 채무자라고 하면서 부르짖어 기도했다고 한다.

또 8년2개월 동안 병원교회를 함께 섬겼던 조전도사님은 2004년 10월 29일 새벽예배 기도시간에 부르짖으면서 윤일심집사 빚 갚아 달라 했더니 우리와 같은 목소리로 "주시겠다"는 음성을 들었다고 하였다. 금액을 말씀하시는데 너무 놀라 성경책을 들고 집으로 바로 와 버렸다고 하며 나중에 그 돈 받으면 내게 병원교회를 지어 달라 했던 일이 주마등처럼 지나간다.

결코 주님은 나를 버리시지도 또 한번도 괴롭히지도 않으시고 함께해 주신 주님! 얼마나 감사한지. 해마다 갚아주실까 기대하며 내 카톡 바탕화면에는 똑 같은 내용을 해가 바뀌면 연도만 바뀔 뿐 매년 '주님을 기대한다'고 쓰고 있는지 벌써 여러 해가 흘렀다.

지금 나는 최근에 주님께서 특별히 허락하여 교인되게 한 너무나 소중한 나의 교회에 건축이 있어 많은 금액은 아니지만 최선을 다해 정성으로 준비해 건축헌금을 드렸다. 몇 개월전 입당감사예배를 드리고 나니 이제 주님께서 나에게도 모든 것을 새 부대가 되어 새롭게 하시고 허락하실 것 같아 그 어느 때보다 들뜨고 기적 같은 일이 일어나리라 기대한다.

교회 입당 후 첫 바자회가 열린다고 하는데 드릴것이 없어서 찾고 있는 중 문득 눈에 띄어 자그마한 동전통을 드리려고 손에든 순간 왈칵 눈물이 쏟아졌다.

서럽게 울었다. 이것이 그렇게도 사람들이 목숨만큼 좋아하는 돈이란 말인가! 동전 한잎, 지폐 한 장, 이 세상에서 아무것도 아닌 것이 나는 돈이라 생각하는데 … 그것이 잘못된 생각인가?.

왜 그렇게 사람들은 너나 할 것 없이 모든 기준을 돈으로 평가하며 심지어 가장 믿어주고 힘들 때 도와 줘야 할 사람이나 친구, 이웃간에도 돈문제 때문에 갈등이 일어나야 하고, 의리를 저버리고 돈 없다고 무시하며 살아갈 일인가? 잠시 왔다 가는 이 세상인데 좀 불편하면 어떻고, 좀 누리지 못하면 어떤가?

이 삶이 끝나면 찬란한 천국집이 있지 않은가?

우선 내 처지에는 채무만 없으면 좋겠고 어려운 사람 보면 마음껏 내 호주머니 털어 이름 없이 빛도 없이 다 주고 살아 갈 수만 있다면…

나머지는 주님이 알아서 먹여 주시지 않겠는가?

공중의 새를 보라 심지도 않고 거두지도 않는다고 해서 너희는 이것들 보다 더 귀하지 아니하냐고 하시며 하늘 아버지가 눈동자처럼 지켜주시고 주무시지도 않으시고 똑똑히 보고 계시는데 말이다.

우선은 마음 편히 누울 처소가 있고 함께 대화 나눌 가족이 있으면 족하지 않은가? 세상을 잠시 빌려서 사는 것을 확실히 알기 때문인지 원래 돈이라는 개념을 뒤늦게야 알게 되어서인지 "가장 미련하고 계산 없는 것이 나의 돈 계산법" 이었다.

만약 돈의 가치를 제대로 알고 살았다면 힘들고 찌들어 있을지도 모르겠는데 다행히 나는 그 너머 주님을 보았고, 이웃과 교회를 보았고, 맨 나중에 내 자신을 생각했다.

이제 어느덧 정년을 몇 년 남겨 두어 가끔씩 걱정이 되는 것일 뿐, 이 또한 하나님이 분명 책임져 주시고 주님이 지명하신 사람을 통해 선하게 역사하실 것을 믿고 있어 감히 세상을 빌려 사는 모든 사람들에게 나의 속마음을 털어놓게 되었다.

잠시 왔다 가는 이 세상! 한국 광야에서 한날!

앞으로 얼마나 길지 알 수 없지만 주님의 품안에 있음이 확실하기 때문에 나는 이렇게 표현 해본다.

모든 사람이 이 세상을 빌려서 살고 있다.

나도 지금 사람과 은행에 돈을 빌려 살아가고 있다고…

또 주님이 만들어 주신 세상을 빌려서 살고 있는 사람이라고…

그러나 분명한 것은 주님이 필요한 사람들을 통해 이 세상의 늪에서 나를 건져 주실 것을 확신하면서 이글을 쓰게 되었다.

이제는 아무도 돈을 더 이상 빌려주지도 빌릴 필요도 없을 것이며 아브라함이 믿음으로 이삭을 제물로 드릴 때 순종하심을 보시고 백배의 결실과 창대한 거부로 만드셨던 주님께서 나의 순종을 기뻐 받으시고 주님이 가장 좋은 방법으로 해결해 주실 것을 믿고 의지한다. 오히려 나는 하나님과 부채관계가 있기 때문에 더 걱정이 없고 문제가 없는 사람으로 이 세상을 빌려 살면서 평안히 잘살고 있는지도 모른다.

"온 누리와 그 안에 가득 찬 것이 모두 다 여호와의 것. 세상과 그 속에 살고 있는 것이 모두 다 여호와 우리 주님의 것"(현대어 성경시편 24장 1절) 이라는 것을 확신하기 때문이다.

판교아파트를 향한 마음

2006년 8월 처음으로 집에서 분가하려고 마음먹고 준비를 하게 되었다. 광명의 사택으로 이사를 가면 매일 예배를 드리고 헌금으로 헌신을 하면서 일 천 일을 드리기로 작정하였다.

이사는 2006년 8월 19일 토요일 이었다. 온 가족이 모여 왁자지껄, 이모 집이야? 떠들며 작은 보자기와 박스에 실어온 짐을 날아다 준 무척이나 사랑스런 조카들의 웃음소리와 함께 짐을 옮겨왔다.

집에서 떠나올 때 공원근처에서 본 무지개가 무척이나 예쁘게 드리워 있었던 것이 생생한 기억으로 남아있다.

최대한 내 것 이라고 생각되는 것은 죄 다 가져온 것 같다. 아마 모르긴 해도 부모님이 보시고 그동안은 자기 것이라고 한번도 챙긴 것을 못 봤는데 이번만큼은 우리 딸이 자기가 사는 곳으로 떠나가나 보다 하셨을 것 같다.

십여명의 가족이 모여 이삿짐을 대충 풀고 어머니가 준비해온 반찬으로 식사를 마친 후 배웅하고 덩그러니 혼자 사택에 돌아와 보니 밤 10시 쯤 되었다.

아무리 두리번거려봐도 낯설은 곳에 덩그러니 혼자 앉아 있었다.

평소 그렇게도 무서움을 많이 타는 나 때문에 부모님이 미국의 남동생네 가실 때도 혼자 집에 못 있는 나를 위해 배려차원에서 모처럼의 미국행마저도 부모님은 따로따로 가시곤 했는데, 왠일인지 이번에는 혼자 있어도 전혀 두렵지가 않았다.

어머니는 내가 이렇게 보내는 첫날 수원 부모님댁 2층의 내방에 혼자 올라가서 새벽 2시가 넘도록 서럽게 우셨다고 큰고모로부터 나중에 전해 들었다.

뭘 우느냐고 왜 우느냐고 고모에게만 물었다. 이것은 아직도 어머니는 내가 모르는 것으로 알고 있고 물을 필요도 없이 왜 우셨는지 내가 잘 알 것 같기에 그렇게 마음으로만 서로 간직하고 있다.

지금까지 직장생활을 해왔다면 적어도 서울에 큰 아파트 한 개와 이번 같은 경우 전세만큼은 내 돈으로 얻어서 분가되어 나갔다면 서럽게 울지는 않았을 것을 이미 물어보지 않아도 알고 있는 것이다.

이제 혼자만의 시간이 왔다. 다시 부모님 집으로 가지 않을 것 같고 혼자 있다는 것이 무섭지도 않았다. 밤 10시부터 입주예배를 혼자 드렸다.

사택에서 처음드리는 예배 중 기도시간에 은연중에 영감을 받은 듯 하다. 어디인지는 모르겠는데 모두 가고 싶은 서울 강남도 아니고 내가 잘 아는 수원근처도 아니고 그런데 좋은 곳이 예비된 것 같았다. 나의 집을 달라고 처음으로 기도했다. “꼭 아파트를 주세요” 라고… 그런데 주실 것 같은 확신이 들었다. 좀 낯익지 않는 지역인데 특별한 곳 일것 같았다. 이것은 나중에 아파트에 당첨되고 보니 바로 그곳이 판교였고 220대 1로 당첨 되었다.

하지만 기쁨도 잠시 계약금이 문제였다. 많은 사람들이 참여했고 관심을 보였던 지역인데 분양신청 마지막 날 겨우 신청했는데 막상 당첨된 나는 계약금이 준비가 되지 않았다. 계약일 일주일 전까지 부채만 안고 있는 무일푼의 상태였다. 그때까지 아무생각 없이 지내고 있었다. 계약금을 마련하기 위해서는 세가지 방안을 생각해 볼 수가 있었다.

첫째안은 형제들에게 부탁하는 것이다. 두 번째 안은 내가 하나님께 건축 헌금 드린 이후 이 일로 소개를 받아 알게 된 분이었는데 본인은 하나님께 많이 헌금 드려 이미 백배가 넘게 축복받아서 누리고 계신다는 평소 가까운 마음으로 지내고 있었던 재력가 분이었다. 혹시라도 빨리 응답 못 받고 힘들 때 찾아오라는 말씀이 생각나서 찾아갔다.

대답은 나는 분당에 살고 있어서 판교아파트 잘 모른다. 대신 기도해주겠다는 말을 끝으로 애써 힘들고 어렵게 마련한 자리는 수포로 돌아갔다.

물론 그 뒤부터는 누군가 “기도해줄게요” 라고 말하면 그냥 웃기만 할 때도 있다. 성경에 누가 참된 이웃 이겠느냐 를 묻는 구절이 나온다. 사람들이 쳐다보지도 가깝게 하지도 않은 사마리아 사람이 선한 이웃 이라고 나와 있는데, 나에게는 일주일을 앞두고 선한 사마리아 사람이 나타나야만 할 때였다. 다음날 석사 과정중이라 과제물 때문에 직장에 휴가를 내고 서울시청에 가서 자료를 뒤지고 있다가 문득 한사람을 떠올렸다.

소주를 좋아하신다는 아버지 친구 분이셨다. 이미 그때로부터 4년 전에도 건축헌금 드리고 자금이 필요해 일부 갚을 때 한번 빌려서 뵌 적이 있는 분이셨다.

시간되면 만나 뵙고 드릴 말씀이 있다고 전화를 드렸더니 전화로 말하라고 하시는데 반드시 만나 뵙고 해야 된다고 하고 곧장 그분이 살고 있는 성남으로 단숨에 달려가 만나 뵙게 되었다. 식사도중 소주 반병쯤 드실 즈음 어렵게 말을 꺼냈다.

판교아시냐고 물었다. 잘 알고 있다고 하셨다. 그리고 판교는 아파트 당첨되기가 어렵다고도 하셨다. ‘제가 당첨되었어요’. 하면서 그래서 돈이 필요해서 왔다고 말하려는데 당첨되었다는 말을 들은 즉시 벌떡 일어나셨다.

내 손을 덥썩 잡으며 너무 너무 잘 되었다고 상기되어 축하를 연발하신다. 주변 사람들에게 이렇게 축하받는 것은 처음이었다.

가족도 그렇게 축하해주지도 않을 뿐더러 가뜩이나 돈도 평소 없는 것 같던데 또 일 저질렀나 보다라고 생각한 것이 역력할 뿐이었다.

그분에게 '계약할 돈이 없어 저 포기해야 겠어요' 라고 했다. 당시 "판교아파트에 당첨되면 로또에 당첨되는 것과 같다." 라는 말이 유행할 정도로 인기가 있었다. 무슨 말이냐고 하며 은행에 넣어둔 목돈이 있으니 내일 은행가서 꺼내어 빌려 줄테니 걱정 말고 일단 계약부터 하라고 하셨다.

공직에서 정년퇴직을 하여 그간 모은 돈을 몇 년 묶어둔 계정에 넣어둔 것 같았다. 다음날 전화가 왔다. 그런데 그 목돈을 뺄 수가 없다고…

그래서 아버지와 친구 두분이 만나서 목돈을 맡겨둔 은행에서 맡긴 돈을 담보로 돈을 되는 만큼 빌려서 내게 빌려주겠다고 하시며 부족액은 잔고가 조금이라도 있는 은행에 들러 다 정리해서 주겠다고 하셨다.

아버지와 친구분은 열개 넘은 은행을 다니셨다고 나중에 들었다. 그렇게 해서 목표로 삼고 있는 계약 마지막 날이 아닌 계약시작 첫날 9시에 현장사무실에 가서 계약이 이루어 졌다.

그때 그분이 마련해 주신 것으로 부족해서 신한은행에서 신용대출로 받은 것이 어느새 10년이 되어 자동 연장이 되지 않아 최근에 다시 계약을 체결하라는 불편한 연락이 와서 연장은 잘 되었다. 다시 연장하지 않게 되기를 바라면서다.

"누가 진정한 사마리아사람" 인지?

지금도 가끔 그분을 생각한다. 이제 여든 일곱쯤 되셨을텐데 건강하신지? 그때의 빌린 계약금은 몇 년 전 다른 곳에서 좀 비싼 이자로 어렵게 구해 다 갚아드렸지만 그동안 낮은 이자로 오랫동안 빌려 주셨고, 내 일처럼 기뻐하며 말씀하신 것을 지키며 계약에 이르게 하신 그 분을 지금도 잊을 수가 없다. 지금은 그 힘든 이자를 감당하면서도 주변에서는 힘들기도 하고, 경제사정이 나빠질 것 같으니 하루라도 빨리 팔아야 된다고 성화지만 그렇다고 들어가 살고 싶어도 당장 갈 수 없는 여러 가지 사정이 있음에도 도저히 그 아파트는 팔지 못하고 있다. 또 이상하게 팔려고 해도 팔리지도 않는다.

아직도 내주위에 어딘가에 있을 착한 사마리아 사람이 이 세상에 존재하고 있을 것 같아서 인지 모르겠다. 오직 주님을 신뢰하며 지금까지 부끄러움 당하지 않게 인도해주신 그분이 배후에 조정 하고 계시기에 팔리지 않고 소유하고 있는 것만 같다.

그 아파트는 전망이 매우 좋다. 삼면이 푸른 숲을 볼 수 있어서도 좋다. 그리고 수없이 가보아서 익숙해서도 좋다. 그리고 조경도 아름답다. 그리고 더 중요한 것은 하나님께 헌신한 후 서원 기도 가운데 주신 것이기에 함부로 저버릴 수가 없다. 몇해전에는 이제는 도저히 더 버틸 수가 없어 팔려고 했는데 팔지 않을 이유가 갑자기 생겨서 매매하지 않도록 한 것은 주님의 개입이라고 생각이 든다. 지금은 팔 수밖에 없는데…

목이 메어온다. 그리고 눈시울이 뜨거워진다.

그리고 내가 어려웠고 꼭 돈이 필요할 때 두 번씩 적지 않은 금액을 빌려 주신 그 분이 오늘따라 더욱 생각난다. 그분이 나의 아버지에게 말씀했던 것도 생생하게 기억난다.

'자네! 딸 참 잘 키웠네' 라고 …

그런데 나는 그분에게 빌려주신 것 갚은 것 외에 한번도 보답하지 못하고 점수 딸만한 일도 한 것이 없었는데 …

어쩌면 그분은 머지않아 우리 곁을 떠날지도 몰라 마음이 아플 뿐이다. 치매로 내가 누구인지도 기억도 못한 것을 알고 있기 때문에 지금은 연락을 하지 못하고 있다.

이제 내가 바라기는 나의 선한 사마리아 사람인 아버지 친구분을 꼭 천국에 가서 만나 뵙고 싶을 뿐이다.

그런 저런 사연으로 판교아파트를 향한 내 마음은 다른 사람들이 쉽게 말하고 있는 것과는 많이 다르다.

하나님께 청구서 제출하다

1차 제출일은 2010년 6월 23일 18시 10분 이었다.

2010년 1월 첫날은 온가족이 부모님 댁에서 모이는 관계로 새해 첫날 못가고 이튿날 하루를 강남 금식기도원에 올라갔다.

11시 설교시간에 강사 목사님의 메시지 중 새해에 기도원 올라왔으니 믿음이 좋은 사람이라 하며 팁을 준다고 하며 반드시 100일간 새벽기도를 드리기로 작정해 보라는 것이다. 들어주시는지 안 들어주시는지… 그렇게 시작된 2010년이었다.

나에게는 도저히 잊을 수 없는 한 획을 그을 만한 내 인생에 변화를 가져 오는 굵직한 사건 두 가지가 있었다.

그 중에 하나를 소개하려 한다.

가깝게 지내는 사람으로 부터 나에게 어울리는 책이라 하면서 꼭 보았으면 좋겠다고 하며 선물로 준다. 받은 즉시 단숨에 다 읽은 저녁 무렵 그 책에서 제시한 것처럼 내가 원하는 것을 적어서 기도하기로 하고 포스트잍 메모장에 청구내역을 적어 당시 보고 있는 성경책 제일 앞 부분에 붙였다.

일차로 적힌 청구서를 직접 본 사람은 작성자 나 외에 지금은 중국에서 선교사로 계신 오목사님 한 사람 뿐이었고 작성한 날 내가 머무르고 있는 삼성동 빌라 주차장에서 만나 한나서원 건축헌금 작정 신청서를 보여 주고 아무에게도 본 것을 말하지 말라는 부탁과 함께 작정헌금을 드릴 수 있도록 기도를 부탁 하였다.

한나서원 건축헌금이라는 것은 오해할 것도 없이 그 당시나 지금이나 당장 내라고 하면 조금도 여유가 없지만 한나가 서원기도 후 아들 주시면 주님께 드리겠다고 한 것처럼 그야말로 주시면 작정한 만큼 드리겠다는 것이니 마음껏 믿음만큼 작정해도 되는 것이다.

그 후 100일 새벽기도는 하루도 빠짐없이 지켜지고 있었고, 집 근처 삼성제일교회에 나가고 있었다. 너무나 감사한 새벽예배를 드릴수가 있었다.

하루중 첫시간을 드리는 관계로 내가 등록하여 다닌 교회보다 새벽에 다녔던 교회 예배에 훨씬 은혜를 받았다.

날마다 어김없이 새벽에 작정 기도를 가고 있었던 어느 날 평신도 사역자 훈련학교에서 드디어 인도네시아로 선교차 아웃리치를 떠나는 날이 왔다. 미리 준비된 것인데 매주 이틀씩 분당에서 강의가 이루어지고 있었고 여러 가지 그동안 몰랐던 영적인 세계에 관한 메시지와 말씀을 접하고 나누며 아웃리치(선교여행)를 준비하고 있었던 2010년 7월 5일 새벽 인도네시아로 출발하는날 새벽이었다.

이때는 새벽기도를 작정하고 가고 있는 때라 자연스럽게 일어났다.

여느때와 달리 들뜬 기분이었다.

새벽예배 가기 전에 일어나자마자 습관처럼 배게 머리에서 주님! 오늘 드디어 인도네시아로 갑니다. 라고 기도하는 순간 "그곳에 가면 네가 하나님의 영광을 보리라" 는 음성이 베개 뒤로 들려오는 것 같았다. 꼭 주님의 음성을 들은 듯하다. 너무나 놀랍기도 하고 마음이 들떴다. 주님이 이제 반드시 무엇을 해주실 것이다. 준비해 두셨다는 확신과 함께 단 걸음에 매일 가는 삼성제일교회로 갔다. 인도네시아에 도착해 마카사르에서 사역은 새로웠고 나로서는 좋은 경험이었다. 사역지에서 첫날 이었다.

평소 나는 평신도 사역자 훈련학교에 가기 전에는 결코 큰 소리를 내어 기도 하지 못하였으며 훈련에 임하면서도 손들고 찬양하지 않았었다. 그런데 왠일인지 첫날 그곳에서 처음으로 내가 손을 들고 찬양을 할 때 특이하게 양손 가운데 주님이 못 박혔을 그 자리가 전율이 흐르는 반응이 오며 옆구리에 역시 똑 같이 느껴졌다. 신비한 체험이었고 그것은 그 뒤로도 자주 겪게 되었다. 아마도 너무나 영적인 감각이 둔한 나에게 성령을 보내 주심으로 받아드리고 싶다. 그리고 손을 들고 찬양할 때 동시에 떨림이 왔다.

그것은 시간이 지남에 따라 더 강해졌고 지금은 주님만 생각하면 언제라도 손을 들면 주시는 은혜이고 성령님이 임재하신 증표 같아 감사하기만 하다. 그것 역시 선교지에서 얻은 축복이고 간증인 셈이다.

둘째 날이었다. 겨우 몇 달 동안 인도네시아어로 된 찬양곡을 준비해 갔는데 그날 천여명이 넘은 교회에 서게 되었다. 중국사람이 많이 모인 교회라서 열정이 넘쳤고 교인도 많았다. 그리고 뜨거운 열기를 느낄 수가 있었다. 23명의 일행이 한자리에 잡고 선 순간 온몸에 전율이 온다. 그것도 처음으로 느낀 것이다. 다음은 성악을 전공하신 간사의 찬양시간인데 깜짝 놀란 일이 발생했다. 평범하게 겨우 준비를 해서 동역하기로 한 반주자가 갑자기 피아노를 너무 잘 치는 것이다. 세계적인 피아니스트 흉내를 내는 것처럼 느낄 정도였다. 이것이 어찌된 일인가 싶어 찬양을 부르는 간사를 쳐다보니 이게 왠일인가 눈에 피를 흘리며 찬양을 부르고 있는 것이다.

"주님 저를 이렇게 처음으로 선교 차 인도네시아 아웃리치를 통해서 이런 모습도 보게 하시네요" 하면서 찬양시간 내내 눈물을 흘렸다. 사역은 그곳에 모인 사람들과 언어도 안 통하는데도 그룹을 지어 그곳 한국 선교사와 한국인이 연합하여 이루어졌다. 성령이 강권적으로 역사해서 한번도 경험이 없는 나에게도 영감이 떠오르고 아픈 곳을 말하면 맞다고 하는 기이한 일을 체험하게 되었다. 나 자신 깜짝놀랐고 기도받는 사람에게 손을 대면 넘어가기도 했다. 특별한 사역을 그곳에서 이루어지게 하셨고 처음 있는 일이라 어리둥절하기도 하였다.

사역을 마친 후 나눔의 시간에 반주자의 말에 모두 놀랐다. 본인의 손은 건반위에 떠있었고 온몸에 전율을 느끼며 움직이지 않았고 천사가 피아노를 쳤다는 것이다.

그리고 찬양사역자 간사는 반주를 갑자기 잘해 너무 놀라면서도 궁금한데 뒤로 돌아다 볼 수는 없고 그냥 불렀다고 한다.

피는 흘리지 않았다고 했다. 왠일인지 내 눈에는 피를 줄줄 흐르며 부르는 모습으로 보게 하셨다.

이 귀한 체험을 하게 하신 주님! 천지를 창조하시고 우주 만물을 주관하신 하나님께 교만하여 손조차 들지 않고 뻣뻣히 앉아서 입으로만 찬양 드리던 내가 확실한 체험을 이국땅에서 하게 된 셈이다.

물론 그 이후부터는 언제라도 손들고 찬양하고 싶고 어쩌다 앞에 나가 특송 할 기회가 주어지면 왜 그리도 좋은지 혼자라도 춤추고 찬양하고 싶다.

불과 몇 년 전 내 모습과는 너무 달라진 것이다.

그곳에서 하나님의 임재와 영광을 똑똑히 보았기 때문이다.

마카사르 지역에서 5일간의 모든 사역 일정을 마치고 휴식 차 발리로 떠나는 여정만 남겨두었다. 마지막 집회 후 우리 일행은 숙소에서 식사시간을 모처럼 여유롭게 갖고 있었다.

나 혼자만 마음이 급해졌다. 내일이면 떠난다는 생각에 마음이 다급해진 것이다. 두 사람의 손을 잡아 당겼다 .

당시 17세인 고등학교 남학생과 우리모임 간사이신 여자 목사님에게 나를 향한 기도를 요청했다.

식당에서 내가 머무는 방으로 옮겨 세 사람은 손을 잡고 간절히 기도하기 시작했다. 어느 때와 달리 기도가 강렬했고 나는 처음으로 기도가 뜨겁게 되었다. 너무나 우렁찬 기도였고 뜨거운 시간이었다. 2009년도 4월 24일부터 시작한 방언 중 가장 강렬한 방언이 나왔고 몸도 뜨거웠다. 지금도 그때를 생각하니 몸에 전율이 느껴지고 힘이 들어간다.

간절한 기도 후 세 사람의 나눔 시간 이었다. 먼저 17세의 남학생이 먼저 입을 열었다.

"자매님! 하나님께서 재정담당 천사를 불러 메모장을 건네시면서 결재 했으니 이 금액 지급 하라고 하십니다".

아주 별일 아닌 듯 태연스럽게 말을 하는 순간 내 몸은 온몸이 화들짝 놀라면서 들떠서 흥분하며 말했다.

'자세히 다시 말해봐' 어떤 것을 건네셨다고? '메모장'이라고 똑똑히 말했다.

그렇다. 내가 이곳 인도네시아 떠나오기 12일전 하나님께 청구서를 제출하지 않았던가! 맞다. 청구서가 일반 용지가 아니었고 포스트잇 메모장에 기록한 것이었다. 즉시 바로 옆의 내 여행가방에서 성경책을 꺼내 들었다. 가능한 것이 12일전에 작성한 청구서는 그날 저녁 바로 내 성경책 맨 앞쪽에 붙여져 있었고 내가 그 성경을 갖고 왔기 때문에 옆에 있었던 것이다.

그런데 그것이 여기에 있는 지를 아는 사람은 세상에서 오직 나를 포함하여 두명 뿐이었다. 그런데 이곳에서 기도 가운데 왠일인지 이 무슨 뜻인지 메모장이 나온 것이다.

17세의 학생의 환상을 통해서 보여 주었다.

함께 보았다. 내 성경책속의 메모장을. 세 사람 모두 깜짝놀랐다.

그 청구서를 보는 순간 그 학생은 또 태연하게 말한다.

네. 맞아요. 이거에요 이 메모장이에요. 라고 말하고 있었다.

지금 바로 환상으로 보았으니 잘못 기억할리도 없는 일이었다.

그 증거가 바로 옆에 있었던 것이다.

두 번째 기도해주신 목사님은 기도 가운데 높은 산 바위에서

바위가 갈라지며 맑은 물이 철철 흐르는 환상을 주셨다고 현재 상황은 부서지지 않을 바위 같이 단단할 지라도 주님의 은혜로 다 풀릴 것이라고 말씀해 주었다.

나는 그저 태어나서 처음으로 온 몸의 진동과 힘찬 방언으로 기도만 드릴뿐 환상은 없었다. 그러나 기도는 너무나 강렬했다.

이미 성부 아버지의 손에서 떠났다. 이제는 나의 그릇을 깨끗하게 준비하는 것이 필요한 것이다. 결재가 되었고 지급명령도 되었는데 받는 사람이 준비가 안 된 것이다.

그 일 후, 그때가 오늘이기를 날마다 바라고 있는데 내가 생각해도 난 아직 아니다. 주님 앞에 너무 교만하고 너무 어리석고 부끄럽기 짝이 없는 사람이다. 생각하면 할수록 그렇다. 그런데 그동안 그것도 모르고 얼마나 된 줄 알고 날뛰었는지 생각할수록 어이없고 고개 들기가 부끄럽다.

그래서 날마다 엎드려야 하고 가장 중요한 회개의 기도를 쉬지 않아야 한다. 죄를 씻고 그릇이 깨끗해야만 주시는 것이다.

먹다 남은 세상밥도 이제 과감히 그만 먹고 일어서야 한다.

씻어지지 않는 그릇도 앞으로 깨끗이 씻어야 하는데 얼마나 걸릴지는 모른다. 그러나 분명한 것은 가능한 일이고 반드시 씻어낼 것이기 때문이다.

그 때가 아주 가까이 왔다는 것을 나는 알고 있다.

왜냐하면 주님은 주의 자녀가 계속 힘들게 살아가는 것을 원하지 않으실 것이기 때문이다. 그리고 내가 낸 청구서 메모장 보시고 벌써 6년 전에 결재 해 놓으셨기 때문이다.

그 메모장에는 또 이렇게 적혀있다,

지급자는 하나님이 지명한 자이다. 그 사람은 누가 될지 몇 사람이 될지 주님만 아시지만 분명 진정한 하나님의 사람일 것이다. 어서 주님이 나에게 알려주시기를 날마다 기다린다.

그 후 1년이 지난 2011년 6월23일에 다시 작성하였다.

2011년 10월 12일 이루어진 결과를 적는다고 다짐서를 이미 작성해 두었다.

잊혀지지 않은 꿈

2007년 11월 20일 꿈 이야기를 하지 않을 수가 없다.

나를 힘들게 하는 것이 모두 다 떠나고 집 밖에 멀리서 찬송소리가 들려왔다.

'예수사랑 하심은 거룩하신 말일세
우리들은 약하나 예수권세 많도다'

그냥 찬송소리가 아니고 계속 찬송 중에 또 찬송이 들려온다. 이제 모든 것이 떠났다. 나를 괴롭게 하는 것들이… 버스로 사람을 가득 태운 차가 떠났다.

마지막에는 나를 죽이려고 누군지 칼을 꼽고 갔다. 그런데 또 누가 도와주고 갔다. 분명 나는 주님이 붙들고 있는데 마귀가 이 힘든 상황을 알기에 장난을 친다는 생각이 들었고 이제 그 모든 느낌과 어려움이 지나가고 새날, 축복의 날이 시작되었음을 예고하는 듯 하여 벌떡 일어났다. 이 꿈을 꾸고 있는데 꿈속에서 누군가 새벽예배를 드리라고 해서 일어났는데 이미 꿈 꾸느라 늦어졌다. 혼자 예배를 드렸다. '오늘부터 큰 기쁨의 좋은 소식이 날아올 것이다.' 라고

이제 이후로는 물질걱정, 채무걱정, 승진걱정 안할 것이다. 이제 이후는 주님이 어떻게 해서든지 메인 것을 풀어주시고 나의 하나님께서 어떻게 하실 것인가를 축복은 한꺼번에 어떤 방법으로 주실지 받을 준비만 하고 감사만 해야 한다. 간증으로 감사를 돌려 드려야한다. 라고 생각하며 일찍부터 들떠 있게 한 꿈이었다.

그러나 그 꿈을 꾼 이후로도 벌써 9년이 훌쩍 지났다.

마침 내가 훈련 받고 있는 직장선교대학에서 경건의 시간을 '생명의 삶' 이라는 책으로 하는데 이 꿈꾸는 날 주신 생명의 삶 오늘의 말씀은 시편 55장 22절 '네 짐을 여호와께 맡겨 버려라' 였다.

또 한 꿈은 내가 태어난 고향을 찾아가는데 굽이굽이 돌아 십년쯤 걸려 도착해보니 이게 왠일인가. 네모반듯하게 끝없이 펼쳐진 넓은 강물에 옥색물결이 찰랑찰랑 하며 바닥에는 반들반들한 돌이 가라앉아 햇볕에 반짝반짝 빛나고 있었던 것이 20여년이 지난 지금도 생생하다.

거기에 나는 혼자 서 있었다. 그리고 서서 멀리 바라다보았다.

그래 바로 이거야!. 이것을 내가 찾았던 것이야. 그런데 이제

야. 그런데 이렇게 오래 걸린거야. 이제 됐어 라고 중얼거린 꿈이었다. 무엇을 말하는지 아직은 모르지만 분명 분에 넘친 주님의 사랑이 찰랑찰랑하게 예비 되어 있을 것만 같아 가끔 어려움이 있을 때 마다 떠올려진다. 일부러 생각한 것이 아니고 머릿속에 마음중심에 늘 꽉 들어차 있다.

2015년 연말부터 2016년 상반기까지 내 인생에서 겪지 않았으면 좋을 일이 있었는데 주님이 미리 알려 주었는데도 내가 미련해서 몰랐던 것 같다.

2015년 어느 한 날 잠을 자면서 이상하게 걱정이 되는 꿈을 꾸고 일어났다. 넓은 바다 가운데 평화롭게 온 교회 성도와 가족끼리 놀고 있었다. 키 크고 날씬한 백사가 늘 가까이서 따라 다녔다. 기가 막힐 노릇이었다. 꿈에서도 소름이 끼쳐 오싹했다. 그로부터 몇 개월 후에 그 백사가 나에게 다가오는 꿈을 다시 꾸었다. 나는 몇 개월 전 백사를 보고 놀라기만 하고 잡을지도 모르는데 나를 대신해 우리교회 2층에서 어떤 사람이 대신 잡아주는 꿈을 꾸기도 하였다. 우리는 살아가면서 원하지 않은 일이 백사의 모습으로 현실로 다가 올 때가 있지만 주님께 붙은 가지가 되어 있게 되면 문제가 안 된다는 것을 알게 되었다. 주님이 잡아주신 것이다.

그 백사는 누구도 예외일 수 없고 악한 영은 호심탐탐 노리고 있기에 정신 바짝 차려야 한다. 그런 것이 내 가정에 그리고 내 가슴과 머리에 들어오지 않도록 깨어 있어야겠다고 다짐해 보며 더욱 주님만을 의지한다.

그 당시에 혼자서 퇴근 후 교회 가서 기도하며 '내 구주 예수를 더욱 사랑'이라는 찬양을 주로 부르게 되었는데 부르기만 하면 얼마나 눈물이 나는지 그렇게 울면서 지낼 수밖에 없는 아픔이 있었다.

어느 날 또 꿈을 꾸었다. 높은 언덕 정상에 넓고 큰 마차모양 같기도 한 많은 자동차가 내려가려고 서 있었다. 내가 운전하는 차도 그 대열에 함께 끼어 있었다. 다른 차는 다 먼저 내려 보내고 이제 마지막 내 차례다. 마차에 태운다. 친구와 가족. 누구라 할 것 없이 타고 싶어 하는 사람과 짐을 포함해서 모든 것을 다 태웠다.

그 많은 짐을 가득히 채우고 출발하는데 그다지 힘들지 않았던 것은 마지막으로 내려가는 길에 앞을 내려다보니 이제 저 모퉁이 두 번쯤 돌다보면 정상 깃발이 꼽혀있는 곳을 눈으로 보며 내리막길이라 수월하게 운전을 할 수 있었다. 정말 이제 물질의 고난의 끝이 보이나 싶었다.

이제 거의 다 온것도 같다. 이 꿈 또한 깊게 간직하고 있다. 그 종착지가 오늘일지? 내일일지? 언제일지?

2015년 연말 어느 새벽 무렵 꿈이었다. 우리집이라고 하는데 부모, 형제도 보였다. 서서 바닥을 내려다보니 시꺼멓고 단단한 땅이었는데 땅이 갑자기 뻥 뚫리며 맑은 샘물이 펑펑 솟아 흐른다.

앞도 뒤도 옆도 사방을 둘러보아도 맑은 물이 솟아 흐른다.

얼마나 상쾌하며 기분이 좋은지 좋은 일이 있을 것만 같은 꿈이었다.

그 꿈 이후 평소보다 그렇게 기대한 주님을 더욱 의지하고 있다. 그 후 보름쯤 지나 내가 꼭 가고 싶어 했던 한전 하남지사로 발령을 받았다. 그 후 놀라운 일이 벌써 몇 번이나 일어났다. 꿈으로 다 알려주시고 보여주신다는 우리교회 목사님 말씀을 더욱 붙잡게 된다.

늘 그리 아니 하실지라도 감사하신 하나님을 신뢰하며 내가 힘이 들 때면 이렇게 꿈으로 미리 위로해 주고 기대하게 하고 알게 해주신 하나님께 감사한다. 욥기 33장16절에 보면 "사람의 귀를 여시고 인치듯 교훈하시나니"라고 쓰여 있는 것을 볼 수 있다.

2015년 12월 31일 오후 2시에 나는 죽기로 선포되었다고 이틀 전인 12월29일 꾼 꿈이었다. 직장에서 발표가 되어 많은 사람이 알게 되었고 내 자신은 너무나 놀라웠고 충격적이어서 어떻게 해야 할지를 모르는 일이었다. 죽기로 된 그날도 지나고 새로운 해가 되었고 또 시간이 흐르며 나 자신은 죽어가고 삶의 시간도 점차 줄어만 간다.

중요한 것은 부질없이 교만하며 제대로 살지 못한 삶은 이제 죽어 장사지내고 이제 새롭게 나아가라고 그러한 꿈을 꾸게 된 것 같아 겸허히 받아들여야 한다.

"이전 것은 지나갔으니 보라 이제 새것이 되었도다." 이 말씀처럼 새로운 삶으로 살아갈 것을 다짐한다.

지금 나는 경기도 광주에 살고 있다. 그런데 이사 온 후 자꾸 몇 년 전 꿈이 되살아난다. 농촌풍경 같은 평화로운 곳에 과일나무가 있는 과수원에 나는 서 있었다. 거기에서 거둔 과일로 내가 갖고 있는 바구니는 가득 채워져 묵직하였다. 그리고 거기에 있는 내마음은 풍성하기만 했다.

나는 공기가 너무나 좋은 이곳에서 살게 되면서 하나님과 어느 때 보다 가까이 교통하며 평화롭게 과일을 거두는 아름다운 꿈을 실제 적용 되어 지기를 바라며 지내고 있다.

주님이 왜 여기로 인도하셨는지?

또 어느 때까지 두실지?

일찍이 십년 전에 허락하신 보금자리로는 언제나 가게 하실지? 아니면 새로운 곳?

그저 감사하게 지내고 있다. 그리고 가능하다면 이곳에 오면서 다짐한 것처럼 매일 성전뜰을 밟고 싶다.

하나님께 간청

2011년 10월 21이었다. 대출연장 관련으로 은행에서 오라고 한다. 지역농협에서 빌렸는데 750만원 연장 건이었다. 돌아오는 버스에서 하염없이 눈물을 흘렸다. 또 아버지 명의로 대출한 신안 마을금고 건으로 연체가 되어 연락 와서 죄송하다고 말하는데 울컥 눈물이 쏟아진다. 월 30만원씩 개인연금을 몇 년째 붓고 있었는데 도저히 이제 이자감당이 안되어 끌어 갈수가 없어 해약하고 보니 원금보다 400만원이 덜 나온다. 많이 섭섭했다. 나중에 퇴직하고 나면 어떨지 모르는데 국민연금 밖에 없으니 개인연금을 더 넣어야 하는데 중간에 해약하니 마음이 허전하기도 했다. 그 외 각종 보험회사에 들었던 생명보험을 비롯해 누구나 하나쯤 들고 있는 보험계약을 모두 해약 했던 날이었다.

"내 평생 병원에 하루도 입원하지 않게 해주세요"

간절히 기도를 올려드렸다. "주님! 평생 저는 하루도 병원에 입원하지 않게 해주세요 라고. 왜냐고요? 입원하면 직장에서 단체보험 외에 보험에 가입한 것이 하나도 없이 오늘 해약해 버려서 안된다고요. 주님! 책임지세요" 라고 하면서 기도하였다. 대신 감기가 잘 걸리기로 이미 유명해져 있으니 가끔 병원에 가서 치료는 받겠습니다.

제가 운전할 때 꼭 앞뒤좌우 지켜주세요

덤으로 또 기도한다. 운전할 때면 "제 차 주변 앞뒤좌우 꼭 지켜주세요" 라고… 지금은 차가 조금이라도 다쳐도 안 되고 또 큰 사고로 천국갈 때가 전혀 아니기 때문이다. 재정적인 부분에서 해결이 되지 않았기 때문이다. 혹시라도 잘못되면 하나님께 덕이 안 되고 그렇게 되면 너무 무책임한 사람이 되기 때문이기도 하다.

하나님께 간청 기도 드립니다

"하나님! 부탁합니다. 꼭 좀 들어주세요. 저의 사정과 형편을 아신 주님. 좋은 직장주셔셔 어렵지 않게 지내게 하셨고 힘들지도 않게 생활하게 하셨는데 수원에 살 때 이웃교회가 교회건축으로 어려움에 처할 때 제가 빌려서 드린 것 아시지요! 그것이 하나님의 기준으로는 아무것도 아닐 수 있는데 저 같은 샐러리맨으로서 직장 다니면서 갚기 힘든 금액이랍니다. 철없어 미리 관리도 잘 못하고 돈의 개념도 없었던 저에게 그때 상황에서 오직 교회를 돕고자 하는 소박한 마음으로, 4일내 현금이 준비되지 않으면 교회가 이단으로 넘어간다고 하니 그것은 절대 안되는 일로 알고 제가 먼저 기쁨으로 감당한 것 아시지요? 이어서 본 교회성도들의 헌금이 계속되어 지금은 많이 부흥되고 안정되게 운영되고 있다고 하니 얼마나 감사한지 모릅니다. 하나님! 이제 저의 물질문제 해결해 주실 것으로는 알지만 가끔은 많이 걱정이 되기도 한답니다. 꼭 답을 주시고 속히 해결해 주십시오.

인도네시아 떠나기 전에 청구서 낸 것 결재도 하셨다고 들었는데 이제 지급해 주십시오. 한시라도 빨리요. 그 후도 6년이 지났어요. 하나님 제 이름 아시지요? 예수님의 이름으로 기도합니다. 아멘."

밀양에서의 기도

2011년 그해는 직장에서 굵직한 일들이 있었다. 찾아가는 현장서비스 일환으로 기획되어 정보화 교육이 필요한 전국에 있는 사업소 중에서 신청하는 사업소에 찾아가서 교육을 담당하고 돌아오는 업무였다. 지금까지 한해에 그렇게 많은 곳을 방문해 보기는 처음이었다.

한해에 18개소를 다녀왔으니 꽤 많이 활동한 셈이다. 지금 생각해봐도 직장생활을 하던 중 행복한 시간이었으며 보람도 느끼게 되었다. 평소 여행을 좋아한 나로서는 더없이 귀한 기회가 만들어져 동행한 여직원도 행복해 하며 기쁘게 감당했다. 2박 3일의 여정으로 밀양과 부산을 찾아가는 일정 중 첫날 밀양에서 교육을 마치고 잠이 들었다.

열두시쯤 잠이 들었는데 새벽 2시에 주님이 깨우신 것만 같아 일어났다.

그 순간 음성이 들려 오는 것만 같았다.

"네가 지금 기도하는 것은 모두 들어주겠다."

꿈인지 생시인지 모를 지경이다. 아침 일찍 서울에서 출발하였기 때문에 피곤한 상태로 깊게 잠들었는데 기도를 하면 다 들어주신다 하니 번쩍 눈이 뜨여 억지로 일어나 기도하였다. 늘 머리 속에 툭하면 나오는 여섯 가지의 기도제목이 있어서 자신 있게 기도드렸다.

그 후 시간이 지나 돌이켜보니 물질부분만 제외하고 다 들어주셨다. 그 즈음 매일아침에 매일 말씀 이라는 제목으로 문자를

보내왔는데 그 아침에 (2011. 7. 12.) 보내온 성경귀절은 다음과 같았다. "내가 이미 네 기도를 듣고 이곳을 택하여 내게 제사하는 성전을 삼았나니"라는 말씀이었다.

오전 한국전력 밀양지사 근처 교회에 가서 감사기도를 하는데 사랑을 전해라는 마음이 강하게 왔다. 오십 여명의 직원에게 무엇인가 주고 싶은 생각이 들었다. 듣기 좋은 말이 아닌 정을 나누고 싶었다. 무더위를 시키기 위해 아이스크림으로 지극히 작은 사랑의 징표를 하고 돌아오게 되었다.

낯설은 곳에서도 나에게 찾아와 기도하기를 원했고 들어주신 주님! 이제 아직 이루어지지 않은 한가지 문제를 다시 놓고 오늘도 오직 주님을 바라볼 뿐이다.

회개의 기도

입사 후 두 번째 단계의 승진으로 꼭 될 줄 알았는데 기대했던 해에 승진에서 탈락되어 늦어도 올해는 반드시 되어야 한다는 부담이 있어 기도부터 시작하고 싶었다. 연초부터 5일을 휴가내기는 정말 쉽지가 않은 상황에서 2011년 2월 21일부터 25일까지 일산 기도원에서 열리는 말씀사경회에 처음으로 장기간 참석하게 되었다.

강사님은 미국 시민권을 갖고 중국에서 15년 넘게 선교사로 있다가 한국과 미국을 오가며 집회를 인도하는데 하루에 꼬박 10시간 넘게 성경을 보고 강해설교 듣고 1시간씩 세 차례 기도하는 시간을 갖는 집회를 인도하신다.

첫시간 부터 은혜가 쏟아졌다. 말씀을 하루에도 수없이 보는데 구구절절마다 깨닫게 되고 쉽게 풀어주었다. 그동안 알고 지은죄,

모르고 지은 죄를 다 쏟아내야 하는 성령 충만한 집회였다. 교만한 마음을 갖고는 하루도 참석 할 수도 없는 일정 이었다. 하루 온종일 기도원 마루바닥에 앉거나 무릎 꿇고 기도해야만 하기 때문이다.

그런 가운데 어려운 문제가 해결되는 소식도 접하게 되고 병 고치는 일도 비일비재 하게 일어났다.

5일째로 집회 마지막 시간 이었다. 이번 집회에 와서 반드시 하고 가야 할 것이 지난날의 지은 죄의 회개기도가 첫 번째 목적이었다. 이번 집회에서 회개할 수 있는 기회는 새벽뿐이어서 더 간절히 기도하였다. 그렇게 많은 눈물로 무릎 꿇고 기도하기는 처음인 셈이다. 두가지 반응이 드디어 왔다.

신체의 두 곳에 깜짝 놀랄 정도의 아픔이 동반 했는데 머리 부분은 이러다 죽는 것은 아닌가 할 정도 강력한 반응이 있었고 나중에 알게 된 사실은 그때 그나마 간절히 회개하니 머리로 지은 죄를 용서해 주신 것 같다.

그러나 그렇게 끝나지 만은 않는다.

더 뒤에 안 사실은 벽에 못을 빼면 못은 빠지지만 그 못자국은 남아 속상하고 아프고 또 그 못자국을 완전히 지우기 위한 기도와 눈물이 뒤따라야 한다는 것을 최근에야 알게 되었다.

이렇게 알게 된 회개기도는 천국으로 옮겨갈 때 까지 지속 되어져야 하고 그럴 수밖에 없다. 물론 눈물로서 완전히 회개한 것은 다시 꺼내어 할 필요는 없다고 한다.

그러나 늘 자범죄를 짓고 살아가기에 회개해야 한다는 것이다.

일산의 집회에 참석이 진행될수록 너무나 부끄럽고 한스럽기까지 한 죄를 낱낱이 발견하고 일정의 마무리 시간에 주어진 간증시간에 분명하게 말했다.

"내가 이제 깨닫고 보니 이 세상에서 가장 큰 중죄인입니다." 그것도 모르고 나의 들보는 덮은 채 남의 티만 보기를 좋아하면서 거룩한 것처럼 또 오랫동안 믿음 생활했다는 것, 하나님의 자녀가 먼저 되었다는 것 때문에 얼마나 교만하고 방자 했는지 그저 주님께 죄송함을 한없이 드러내고 죄 사함 받고 싶다고 간증하게 되었다. 속이 후련했다.

그리고 그해 연말에 승진했다. 이어서 충청북도 옥천으로 발령받은지 6개월만에 그렇게도 갈망했던 영적인 교회를 만나는 기회가 되어 이제는 일주일이면 공식예배를 드리며 최소 3회 이상 회

개 기도를 드린다.

그리고 회개에 대해 확실하게 깨달았다.

눈물 흘리는 회개기도를 해야 하고 그 눈물을 보시고 닦아주시며 들어주신다는 것을 그리고 죄를 몽땅 다 쏟아 내야 한다는 것도.

각자의 눈물의 병이 있는데 그 눈물이 병에 채워질 때 이루고자 하는 것을 허락해 주신다는 것도 알게 되었다.

이제 회개기도는 기본이고 몇 가지 제목 중 이루어지지 않은 한 가지를 위해 그때처럼 시간을 정해 최대한 정성과 마음을 다해 눈물 흘리며 주님께 어려운 순간마다 부끄러움 당하지 않게 해주시라고 기도를 계속하고 있다.

진정한 자유

2008년 9월 추석날 당직 이었는데 자그마한 책자에 이런 글이 적혀 있었다.

"하나님 한 분을 두려워하면 세상의 모든 두려움에서 자유롭게 된다."는 것이다. 우리가 세상을 두려워하는 것은 우리와 함께 하시는 하나님을 바라보지 못하기 때문일 것이다.

하나님께 대한 믿음은 세상이 주는 두려움을 이긴다. 그래서 "오직 의인은 믿음으로 말미암아 살리라. 또한 뒤로 물러가면 내 마음이 저를 기뻐하지 아니하리라."(히브리 10:38) 우리가 두려움에서 이기는 자유를 말하고 있는 것을 깨달게 되었다.

지난여름을 지나고 있을 무렵 눈병이 찾아와서 2주 넘게 고생했다. 내 기억으로는 이토록 아파 보기가 처음이었다. 절정기가 되니 눈을 감으면 눈썹이 붙어버려 감을 수도 없고 계속 뜨고 있으니 피로하고 빨갛게 충혈되어 너무나 고통스러웠다. 왜 이런 아픔을 주셨을까 생각하며 기도하다가 문득 십자가상의 예수님을 제대로 볼 수가 있는 기회로 삼게 되었다.

그때 까지만 해도 나의 주님은 나를 위해 십자가를 지셨다고만 생각했는데 내 눈이 아파 주님을 자세히 바라보니 피투성이로 만신창이가 되어 십자가상에 메달려 있다. 나의 죄를 짊어 지셨음에 감사하며 그 아픔에 대해 조금이라도 생각을 하며 십자가의 보혈로 죄에서 자유하게 되었음을 알게 되었다.

진정한 자유란 무엇을 말하는가?

"진리를 알지니 진리가 너희를 자유롭게 하리라"(요 8:32)는 말씀처럼 진리인 예수님을 제대로 알아서 세상에 메이고 가족에게 메이고 자녀에게 친구, 이성, 여행, 쾌락, 재물 등의 메임에서 벗어나 참 진리이신 예수님께 딱 붙은 가지가 되어 메이고 싶다.

특히 물질에 메이지 말아야겠다.

"돈을 사랑함이 일만 악의 뿌리가 된다(딤전 6:10)"고 하기에.

당장 갚지 않으면 안 되는 카드 마감일에 갚을 돈이 없어도 마음만 이라도 자유로워야 한다.

"비록 무화과나무가 무성하지 못하며 포도나무에 열매가 없으며 감람나무에 소출이 없으며 밭에 먹을 것이 없으며 우리에 양이 없으며 외양간에 소가 없을지라도 나는 여호와로 말미암아 즐거워하며 나의 구원의 하나님으로 말미암아 기뻐하리로다." (하박국 3장 17~18).

내가 다닌 교회는 주일 예배시작 한시간 전부터 1시간 동안 찬양을 드리는데 얼마나 감사한지 모른다. 이미 찬양가운데 죄악이 씻어져 자유함을 느낀다. 때로는 찬양가사에 은혜가 되어 눈물이 줄줄 흐른다. 때로는 너무 기뻐 얼굴이 더욱 밝고 환해지기도 한다. 그리고 나도 모르게 손을 높이 들기도 하고 흔들기도 한다. 몇 년 전까지만 해도 생각도 못한 일이다. 이것이 진정한 자유다.

주 안에서 실컷 누리는 자유!

그런데 무엇이 그런 나에게 자유를 빼앗아 갈 수 있겠는가?

그러나 가끔 왜 힘들 때가 없겠는가? 나도 월급 받아서 마음껏 가족과 함께 맛있는 것 실컷 먹고 마음껏 쓰고 싶고 갖고 싶은 것들이 있지 않겠는가?

그러나 참 진리이신 주님을 생각하면 모든 것으로 부터 자유로워진다. 그리고 나는 가슴에 늘 풍요를 누리고 항상 부유하다.

적어도 나는 물질부분에서 자유롭기에 나의 깊은 마음속에 주님에 대한 신뢰가 크다고 생각하고 있다.

가끔 직장에서 이런 사람도 있는 것을 보았다.

상사가 기독교인이면 종교 난에 기독교이고 아니면 종교 난에 표시를 안 한다.

"누구든지 사람 앞에서 나를 시인하면 나도 하늘에 계신 내 아버지 앞에서 저를 시인할 것이요(마 10:32)"

하나님은 나의 머리털 까지 세시는 분인데 뭐가 두려워 직장에서, 혹은 사업장에서, 학업의 길에서 하나님을 시인하지 못할 것인가? 골고다 언덕까지 따라가서 진정한 자유의 삶을 이 땅에서 마음껏 누리며 살 것이다.

성도의 자부심

나는 항상 든든하다 소위 세상적인 언어로 든든한 배경이 있다는 것이다. 그리스도의 부활은 성도의 자부심이고, 성도로서 확신에 찬 자부심이 나에게도 있다.

때로는 이것이 교만하게 비춰지기도 하고 너무 자신 있는 모습으로 위험하게 보일지도 모른다.

그러나 이것은 나의 기준인 성도의 자부심이다. 이 자부심이 나에게 진정한 행복과 만족을 가져다 주고 있다.

나에게 교회 다니는 사람 같다는 말을 들을 때 나는 매우 기쁘다.

너희가 사람 앞에서 여호와 하나님을 시인하면 하늘의 하나님도 나를 자녀로 시인해 주실 것을 알기에 늘 사적인 자리는 말할 것 없고 공적인 자리에서는 기회가 주어질 때도 힘주어 강하게 말하고 싶은 충동을 느낄 때가 자주 있다.

나는 하나님의 자녀라고 시인 하는 것이다.

'영접하는 자 곧 그 이름을 믿는 자들에게는 하나님의 자녀가 되는 권세를 주셨으니(요 1:12)'라고 성경에 기록되어 있으니 여러분도 하나님의 자녀가 되어 성도의 자부심을 함께 나누자고 말하고 싶다.

기회가 허락되기만 하면 주님을 전하고 싶은 견딜 수 없는 마음이다. 특히 상가에 갈 때면 기회가 좋다. 시간도 있고 누구나 죽음이 남의 일만은 아니고 내일이고 내 소중한 가족의 일임을 공감하는 공간이기도 하기때문에 기회가 되면 결코 놓치지 않는다. 그동안의 나의 간증을 비롯하여 체험담을 내놓고 속마음으로 호소하듯이 전도하고 있는 것이 또 하나의 나의 전도방식이다.

지난 2016년에 온 세계의 관심이 주목된 가운데 치러진 미국대선이 있었다는 사실이 왠만한 사람은 다 아는데 만약 내가 귀 막고 눈감고 있었다면 전 세계가 떠들썩한 사건이 나와 아무 상관이 없다는 것이다. 그렇다고 그 사실이 아닌 것도 아니고 없는 일도 아닌 것이다.

이미 역사의 주인공인 예수 그리스도의 오심이 2017년이나 되었는데 안 오셨다고 하고, 모른다고만 하면 될 일인가?

그가 오심이 사실이며 우리를 위해 십자가를 지고 골고다 언덕을 올라갔으며 십자가상에서 창에 찔려 피 흘리며 죽었다가 사흘만에 성경대로 살아났다는 사실, 그리고 40여일이 지난 후 우리가 본 그대로 하늘로 올라갔으며 다시 본 모습 그대로 오실 것을 기대하며 사는 우리들이다.

언제일지 아무도 모르지만 그 사실은 이미 태초부터 예비된 축복으로 다 같이 성도되어 진정한 자부심을 함께 나눌 수 있게 되기를 조용히 머리 숙여 기대해본다.

본향으로 가는 길

중학교 때부터 죽음을 맞이해야 할 때의 마음을 그려 본적이 있었다. 이제 죽을 날이 멀지 않은 것 같다고 연락을 하면 가족을 비롯하여 사랑을 나눴던 이웃과 고민을 털어놓으며 지낸 후배, 이 세상에 남은 친구와 교회 식구 들이 찾아오던지 연락이 와서 우리에게 좋은 친구를 잃었다고 말하게 되도록 살아야 한다고 생각을 했던 것 같다. 지금도 그 생각에는 변함이 없다.

또한 흔히 주변에서 볼 수 있는 사람이 아니었다고 말해 줄 것 같고, 그래도 순수했고 진실하게 살려고 노력했으며 의리있게 살았다는 평가를 받았으면 좋겠다는 생각도 든다.

나 혼자만, 내 가족만을 위한 삶이 아니라 더불어 함께 어울려 사는 삶을 좋아했고 가능한 한 이웃도 돌아보면서 살려고 애쓴 사람이라고 기억되고 싶은 욕심도 있다.

주변에 보면 너무 자기 가족만을 표시 나게 잘 챙기는 것을 너무 많이 봤다. 그런 모습을 볼 때면 마음이 왠지 씁쓸해온다.

현대사회의 가족 구성원은 4인 가족 기준으로 사는 경우가 많다.

결혼하게 되면서 부터 부모와는 이미 남이 되었고 형제는 눈에도 마음에도 이미 떠나 남이나 다름없이 살아가는 것은 우리 주변에서 흔히 있는 일이다. 그리고 노후에는 지난날의 아름다운 추억을 애써 더듬어 가며 곱씹으며 지낼 것 같기도 하다.

어떤 후배 이야기를 해야 할 것 같다. 예수 믿지 않은 집에서 예수 믿다가 좋은 직장과 건강을 잃었지만 오직 내려놓음의 삶을 통해 본이 되며 신실하게 꿋꿋히 주님 앞에 아름답게 살아가며 본인이 어려울 때 조금 도와주었다고 기도 할 때마다 나를 기억한다고 한다. 그리고 내가 힘들 때면 너무나 힘이 솟는 꿈을 꾸어주어 위로가 되기도 하는 후배와 함께 산을 오르며 여행했던 일도 소중한 추억이 될 것이다.

어릴 때부터 너무 예뻐하고 사랑했던 귀한 조카들, 지금은 벌써 중, 고등학교, 대학. 대학원 다니고 있으며 딸이 없는 내게 딸이 되어 준다고도 했던 조카가 있어서 행복하다.

처형 같은 사람은 없다고 하며 돈 빌렸다가 갚을 때 이자 안 받겠다고 하고 나는 주겠다고 한참을 씨름해야 했던 제부가 힘든 가운데 들려오는 소식이 땅 부자가 된다는 것이 또 얼마나 감사하고 기쁜지! 여러 가지 생각이 떠오를 것이다.

생명의 기한이 다 되어 내 모든 것 다 내려놓고 떠나갈 때 기쁘게 주님 곁으로 천국에 가리라.

한때 인생을 살면서 너무나 힘들었던 20여년 모든 것도 이제 다 가슴에 묻고 가리라. 고마웠던 분, 힘들게 했던 일, 가슴 아프게 했던 일 다 잊고 기쁘고 가벼운 마음으로 떠날 수 있을 것 같다.

복음성가 가사의 일부로 "세상사람 날 부러워 아니하여도 나도 역시 세상사람 부럽지 않다."라는 가사를 기억할 것이다.

유난히 정이 많아 초창기에는 발령이 나서 근무지가 바뀌면 함께 근무한 사람 못잊어 슬퍼 야단이고 잠못이루며 지낸 일도 생각이 날것이다.

30년도 훨씬 넘은 직장 생활가운데 만났던 소중한 직장동료, 특별히 힘들 때 물심양면으로 도와준 고마운 직장 선 후배, 또 함께 산을 오르며 숨가빠하며 땀 흘렸던 검단산의 추억과 동료들도 생각날 것이다. 주고 싶고 베풀기 좋아하는 사람인데 할 수 없어 안타깝기도 하고 또 물질로 힘들 때면 주님이 언제나 도와주셔서 위기를 겪지 않게 하셨다. 외롭지 않게 그 때 더 많은 필요한 좋은 사람을 붙여 주시고 사랑받고 인정받게 하셔셔 힘들지 않게 인생의 길 올라왔던 것 소중히 간직하리라.

자식이 없어 손자도 없게 되어 죽어도 걱정될 후손 없어서 마음 가볍게 떠날 수 있을 것 같다.

내 육신은 원래대로 한줌의 흙으로 돌아가고 내 영은 주님계신 천국으로 춤추며 찬양하며 돌아가리라!

영적인 교회로 옮겨 주일을 기다리며 예배시간이 기대되고 가족 같은 성도들이 있어 든든했고, 꼭 교회 처음 다니는 것처럼 설레며 다녔던 추억도 간직하리라. 요즘은 가끔 잠에서 깨어나면서 찬양을 하면서 일어나는 때가 자주 있다.

- 나 이제 돌아가리! 나의 본향집 -

1. 우리가 세상을 사는 동안에 바랄 것이 있다면
   저 천국밖에 아무 것도 필요치 않네
   천만년이 지나간다 해도 영원무궁한 그 곳
   세상은 근심과 걱정 한숨뿐이나 주님 계신 천국
   평안이 넘치는 나의 본향 집

2. 내인생 남은 길 가는 동안에 바랄 것이 있다면
   저 천국밖에 아무 것도 필요치 않네
   천만년이 지나간다 해도 영원무궁한 그 곳
   세상은 절망과 고통 눈물뿐이나 주님 계신 천국
   평안이 넘치는 나의 본향 집.

이 찬양은 우리교회 찬양시간에 가끔 부른 곡인데 부를 때마다 눈물이 난다. 마치 나를 위해 작사된 것이 아닌가 생각된다.

내 인생의 제목은 감사

한국전력공사 광명지사에서 과장으로 재직할 때 일이다. 오전 11시경이었다. 감사하는 마음이 온몸으로 확 밀려왔다.

가슴에서 머리로 머리에서 발끝까지 전해옴을 느꼈다.

"하나님! 감사합니다. 왜 저에게 이렇게 잘 해주십니까?" 라고 중얼거렸다. 그리고 이어서 "저는 정말 죄인이었고 지금도 죄인인데도 저에게 잘 해주신 이유가 무엇입니까?" 라고 실제로 묻기도 했다.

1층에 서 있었다. 두리번거리기도 하였다. 2층에 내가 근무하고 있는 사무실인데 올라가려고도 하지 않은 채 민원창구가 있는 입구에 한참을 그렇게 서성이며 얼굴을 활짝 펴고 입가에 약간은 어색한 듯 미소를 머금고 그다지 크기 않은 공간을 왔다 갔다 하면서다.

그 후 15년쯤 지났는데 그때의 상황이 재현되고 감정이 되살아난다. 그렇게 서 있는 나의 모습도, 그렇게 강렬하게 감사함이 몰려온다. 누가 보기라도 했다면 누군가를 즐거운 기분으로 기다리는 줄 착각 할 수 있을 정도였을 것 같다.

그렇다. 나는 지금 당장에 눈에 보이는 것은 없지만, 물질만능주의 현대를 살아가면서 하나님께 세상을 좀 빌려 살고 있지만, 일찍부터 청구서를 내놓은 상태로 재정적으로 어느 누구보다 힘든 상태임에도 앞으로 축복해 주실 것을 확신하며 얼마나 감사하고 있는지 모른다.

때로는 가슴깊이 젖어오는 감사의 눈물을 흘리기도 한다. 한 예로 지금 나는 경기 광주에서 매일 20킬로미터의 거리를 출퇴근한다.

시동을 건 순간 찬송가가 흘러나오기 시작해서 한국전력 하남지사 지하 주차장에 도착해 시동을 끌 때까지 찬양을 듣기도 하고 부르기도 하면서 때로는 감사의 눈물 때문에 눈앞이 흐릴 때가 한 두번이 아니다.

하나님의 은혜가 너무나 감사하기 때문이다. 광주에서 하남으로 오가는 2차선 국도를 타본 사람은 알 수 있을 것이다.

남한산성 자락과 양 옆 그다지 크지 않은 가로수 길을 굽이굽이 펼쳐지는 길에 철따라 피어나는 꽃을 보며 움이 돋고 푸르르다 빨갛게 물든 가을이면 오색 단풍으로 산천의 아름다움에도 너무 감사하고 아무에게도 방해받지 않은 나의 공간에서 얼마나 감사한지 모른다.

옥천에서 근무 할 때는 매주 주말 밤이면 어김없이 교회를 가기위해 사택을 떠나 달려온다.

2차선인 중부고속도로에 들어서면 조금은 여유롭고 마음도 한가하다. 어느 때는 너무 감사해 찬양을 따라 부르다 울기도 하고 때로는 너무 감격해 눈물이 가려 운전에 지장을 줄때도 있었던 생각이 난다.

그렇게 나의 저 깊은 가슴속으로부터 우러나오는 벅찬 감격은 그 누구에게도 빼앗길 수 없으며 아무도 흉내 낼 수조차 없는 주님과 나만의 친밀한 사랑의 표현인 듯하다.

이미 머리말에 언급하였듯이 하나님을 위해 교회건축을 위해 주님 것을 잠시 세상에서 빌려 드린 후 내가 나의 인생길을 가면서 볼 수 있는 길은 훨씬 넓어졌음을 안다.

내가 바라던 대학원 진학과 직장 생활에서 두 번의 승진, 두려움으로부터 자유, 즐거운 직장선교와 직장선교대학 훈련, 병원전도 때에 폐암말기 환자로부터 소개받은 평신도 사역자 훈련학교의 만남도 기억에 남는 감사의 대상이다.

평화롭고 한적한 여유가 있는 지방근무, 갖고 싶었던 차, 옥천에 근무하게 되면서 영적인 교회로 인도하심과 영혼구원을 향한 열정과 공기 좋은 곳에서 살게 하심도 오직 주님의 크신 은혜임을 알고 고개 숙여 감사할 뿐이다.

이 외에도 내게는 감사할 일이 너무 많다.

그 중 가장 감사한 것은 하나님이 나를 알고 계신다는 것이다. 그리고 나의 등 뒤에서 나를 도우시고 계시며 힘들 때 '일심아 일어나 걸어라' 고 하신다.

그리고 빼놓을 수 없는 감사가 항상 내 주변에는 너무나 좋은 사람들이 많이 있어서 좋다. 좋은 사람들을 만나게 해주셔서 너무 감사하다. 스티브(임종덕)박사님을 특별하게 만나게 해주심도 내 인생에 큰 감사이다.

한편 재정적인 어려움과 물질로 인한 관계를 통해서는 사람의 속마음, 사람을 이해하고 알게 되는 폭이 깊어졌고 판단기준도 달라져서 넓은 시각을 갖게 하심도 큰 감사 중에 하나이다.

나의 인생은 감사만 있을 뿐이다.

그리고 내 삶의 제목이 되기도 한다. 이것은 그 누구도 나에게서 빼앗을 수 없는 재산이고 나만의 자부심이요 자랑이다.

현실적으로 다가온 불안한 마음에서 다소 불편한 어려움이 엄습해오고 해결해야 할 일이 코앞에 다가온 순간까지도 긍정적인 성격 탓도 있겠지만 그래도 불안하지 않은 것은 한 번도 외면하지 않으시는 주님이 내편이라는 깊은 신뢰가 내 맘속에 가득하기 때문이다.

힘든 순간에도 생각만 할 뿐 하나님을 신뢰하는 믿음 때문에 깊이 빠져 들지 않는다.

나의 진솔하게 쓴 이 글을 읽은 독자와도 공유하고 나누고 싶은 마음이다. 또한 무엇보다 소중한 나의 생명을 죽음에서 두 번이나 건져주시며 지켜주신 주님께 감사한다.

만약 그런 체험이 없었다면 몇 년 뒤 쉽게 대부분 생명같이 생각하는 돈을 주님께 드리지 못했을지도 모른다.

잠깐 왔다 가는 세상이라는 것을 알았다.

특별히 돈에 있어서 만큼은 계산하고 싶지 않았고 쓰임 받음에 감동하며 드릴 수 있었음에 그것이 나의 믿음이고 또한 감사중의 감사이다.

아무도 나처럼 살 수도 없고 살아온 사람도 흔치 않을 것이다. 그러나 나는 후회하거나 뒷걸음 칠 마음은 추호도 없다.

왜냐하면 나는 나를 사랑하는 법을 일찍부터 깨달았고 또한 나를 사랑할 줄 알아야 남도 사랑하는 법도 알고 있었기 때문이다.

또한 가장 중요한 것은 하나님의 자녀이기 때문이다.

하나님의 아들 독생자! 역사의 주인공인 예수께서 나를 위해 십자가상에서 피 흘리며 돌아가셨고 성경대로 삼일 만에 살아 나셔셔 나를 자녀로 삼아 주셨기 때문이다.

그것도 2017년 전에 이미 댓가를 치루어 주었으니 하나님 아버지 세상 좀 빌려서 감사하게 살면 되기 때문이다.

이제는 길이 보이기 때문에도 더욱 감사하다.

어떻게 올라왔는지 이제는 산 정상에서 무거운 짐은 두 어깨에 메고 나의 인생의 보람된 후반기를 더 유익하게 보내며 행복한 노후를 맞아 나의 하나님이 만들어 두신 정거장인 종착역에 홀가분하게 다달아 다 내려놓고 아주 조용히 혼자서 내릴 것이다.

그 종착역 정거장 이름은 감사역이고 내리는 승객은 오직 한평생 주님을 위한 한마음으로 언제나 순수함을 간직한 소녀 같은 마음을 지닌 윤일심(尹一心) 일 것이다.

에필로그

사무실에 동백꽃이 피어있는 화분 옆에서 찍은 사진을 친구에게 카톡으로 보냈더니 즉답이 왔다.

동백꽃은 마지막까지 화려하게 활짝 피어 있다가 시든 모습을 보이지 않고 뚝 떨어진다고 말하는 의미가 마음에 와 닿았다. 나도 그렇게 살고 싶다. 떨어지는 순간까지 열심히 성실하게 달리고 싶다.

한편 그렇게 떨어지기 전까지 동백꽃을 피우기 위해 오랫동안 머금은 채 기다렸다가 피우는 것처럼 무엇을 어떻게 머금고 살아야 마지막 삶까지 활짝 핀 채로 지치지 않고 꽃 피울 수 있을까?

어쩌면 긴 기간을 두고 정리한 책을 마무리하면서 감회가 새롭고 칼럼을 다시 정리하고 다듬으면서 내가 무엇을 함께 나누고 싶어 했을까?

한편 다 표현하지 못해 부족한 것이 너무 많아 아쉬운 마음도 들지만 내가 꿈꾸는 앞으로의 나의 삶에 나름대로 피어있는 동백꽃과 같은 사연과 함께 못다한 나의 삶속에서 느끼는 사랑과 나의 소중한 모든 이웃과 함께 이 마무리장을 메꾸어 간다.

예전에 어떤 분이 나를 80% 알고 있고, 20%는 모르는 줄 알았는데 더 가까이 다가가 보니 80%는 모르고 20%쯤 알고 있는 것 같다고 오래전에 들은 기억이 있다. 어찌 우리가 남을 알리요. 더욱 남의 마음과 생각을…

그리고 그 사정을 다 알 수 없다는 것이 맞을 것이다. 그런 가운데 우리는 내가 아닌 이웃을 향해 사랑을 머금은 채 가까이 다가가며 살아가고 있다고 생각한다. 소망의 언덕에 다가설 때까지 너와 나를 위해 노력하고 서로 부족한 사랑을 위해 감사 할 수 있기를 바라면서이다. 그래서 모두가 소중하다.

길다면 길고 짧다면 짧은 인생을 마치기까지 마지막 생의 종착지에 다가 갈수록 우리는 기억력도 없어지고 가까운 사람도 좋아하는 것도 싫어져 보잘 것 없게 되는 한갖 피조물에 지나지 않을 뿐이다. 다만 인간이라는 모습으로 잠시 이 세상에 머물다 지나가며 이름 하나 남길 뿐인 것이다.

이제 눈을 좀 돌려 마음을 가다듬고 조금 더 사랑하며 신뢰하며 건전한 사고와 정직한 발걸음으로 근심없는 기쁨의 날을 위해 이 하루를 성실하게 살자.

속 깊은 우정을 가장 친밀하고 감사하는 마음으로 예쁘게 포장하여 마지막 종착역 에서 우리 서로 덕분에 잘 살았다고 하는 날을 위해 서로 보듬고 사랑을 실천하며 살아갔으면 좋겠다.

마지막 길에 하나님을 찬양하며 크게 외쳐 노래하였으면 좋겠다. 누구에게나 그분은 "다 이루셨고 나를 위해 다 이루어 놓으셨다." 라고 말할 수 있기를 바란다.

나는 또 다시 이 노래를 지어 머지않은 날에 함께 부르고 싶고 모든일이 풀어 질 때 다시 한번 고백을 하게 될 것이다.

그때는 한없이 기쁘기도 하고 슬픈 마음을 정리할 수 있을 것 같다.

어느 이웃과도 손에 손을 잡고 마주하고 싶다고 하면서 삶이 힘들어 지친 사람을 향해 손짓하며 사랑을 노래하며 더 깊게 표현하게 될 것 같다.

한때 많이 힘들었었다고! 잔잔한 호수에 작은 돌맹이를 던지며 퍼져가는 물결을 보고 아픈 가슴을 달래며 오직 한길 주님을 바라보고 울먹이면서 서 있었다고 말할 수 있을 것 같다.

나는 왜 이 글을 쓰면서 그토록 많이 울었는지 모른다. 쓰면서 울고, 교정보면서 울고, 생각만 해도, 지금 이 마지막 장에 와서도 눈물을 쏟아내면서 마무리를 하고 있다. 이 글이 완성되어 여기까지 올 때까지 많은 눈물을 흘렸다.

그만큼 나의 마음이 녹아있기 때문이다. 그리고 무엇보다 주님이 함께하신 은혜를 많이 받음이다. 또한 이 글을 주님이 기쁘게 받아 주시기만을 기도할 뿐이다.

2016년 음력으로 선달 그믐날이었다. 집에서 혼자 간절한 예배를 드렸다. 기도 가운데 열 두 해를 혈루증을 앓은 여인이 예수님의 옷에만 손을 대어도 병이 나으리라고 확신한 것처럼 오래전부터 붙잡은 그 내용에 확신이 와서 말씀 묵상을 하려고 성경을 펴는데 깜짝 놀랐다.

형광펜으로 입혀진 마가복음 5장 25절의 "열 두 해를 혈루증으로.. "라고 시작하는 대목이 바로 펼쳐져 보여진다.

주님! 주님은 분명이 지금도 살아계시고 저 혼자 기도하는 기도를 들어주셨군요. "주님 사랑합니다." "사랑합니다." 하며 절규하듯이 외쳤다. 그리고 기도는 다시 이어졌다. 주님! 저를 혈루증 여인처럼 해결해 주시겠군요. 벌써부터 그 기도를 해오던 터였다. '주님이 한번만 뒤돌아보시면 되는 것이다.' 라고…

그리고 주님의 말씀인 성경을 움켜쥐고 가슴에 한참을 품었다.

이 한권의 책이 아니다. 주님 자신인 말씀이 기록된 책이기 때문이다. 이렇게 주님은 나를 여기까지 변함없이 사랑해 주셨고 살아오게 하셨다. 이제는 주님만을 바라볼 뿐이다. 그리고 세상을 빌려서 사는 사람으로 이미 나는 다 드러내 보였으니 무엇이 걱정되겠는가. 다행인 것은 나뿐만 아니라 우리 모두 세상을 빌려 살고 있으니 괜찮다. 그리고 안심이다.

단지 주님께 제대로 살아오지 못한 지난날의 부끄러운 삶이 죄송할 뿐 이제 새롭게 세상에 다시 한걸음을 내딛기 위하여 무엇이 필요한가를 생각하며 내일 드려야 할 기도의 제목으로 이웃과 더불어 감사하는 생활이 이어질 수 있기를 소망한다.

나는 두가지 빛 속에서의 삶을 살아가고 있다. 한 빛은 세상의 빛을 밝히는 한전(한국전력공사)이라는 직장에서 한 직장인으로서 최선을 다하는 삶이고,

다른 한 빛은 참 빛되신 예수 그리스도를 주인으로 모시고 빛을 전하며 나누는 풍요로운 신앙인으로서의 삶이다.

이 두가지 빛 때문에 늘 행복하고 감사하다.

이제 오직 주님을 향한 "영원한 나의 노래"는 영원토록 계속 될 것이며 이 "영원한 나의 노래"를 허락하신 주님께 모든 영광을 돌린다.